大数据与广西县域
游客满意度评价研究

梁业章　林选妙　等　著

科学出版社
北　京

内 容 简 介

本书是游客满意度理论与实践相结合的系统研究成果,以游客满意度为视角,对国内外游客满意度相关研究进行了综述,构建了游客满意度评价指标体系与结构方程模型。2016~2019年,以季度为时长,以广西各城市以及县域为单位,进行了不间断问卷调查,实证考察研究旅游目的地的发展质量,揭示旅游目的地建设中可能存在的不足与短板,提出了年度工作相关建议。通过研究 2016~2019 年广西游客满意度的变化趋势,分析和总结了广西基于游客满意度的旅游产业现状和存在的问题,提出了游客满意度提升的总体策略。

本书对旅游者、旅游业经营者、旅游管理部门均有一定的参考作用。

图书在版编目(CIP)数据

大数据与广西县域游客满意度评价研究/梁业章等著. —北京:科学出版社,2022.9
ISBN 978-7-03-073036-7

Ⅰ. ①大… Ⅱ. ①梁… Ⅲ. ①县-旅游区-顾客满意度-评价-广西 Ⅳ. ①F592.767.4

中国版本图书馆 CIP 数据核字(2022)第 160342 号

责任编辑:石 珺 赵 晶 / 责任校对:郑金红
责任印制:吴兆东 / 封面设计:蓝正设计

科学出版社 出版
北京东黄城根北街 16 号
邮政编码:100717
http://www.sciencep.com
北京建宏印刷有限公司 印刷
科学出版社发行 各地新华书店经销
*
2022 年 9 月第 一 版 开本:720×1000 B5
2022 年 9 月第一次印刷 印张:10 1/4
字数:206 000
定价:146.00 元
(如有印装质量问题,我社负责调换)

前言

随着时代发展，旅游产业进入高质量发展和高品质生活的新阶段。旅游生活方式与旅游成长方式也将更好地融为一体，因此，游客满意度的指标值也将逐渐成为旅游产业成败的关键指标，与旅游产业紧密相关的政府机构、景区、景点、旅行社、旅游在线平台或机构等对游客满意度的重视程度将会越来越高。

游客满意度在衡量一个地区旅游业发展水平时具有举足轻重的作用。为了全面了解游客对广西旅游的满意度，科学分析游客对广西旅游消费的评价，有效地促进广西旅游服务质量的提升，广西壮族自治区文化和旅游厅（原广西壮族自治区旅游发展委员会）于 2015 年第三季度启动了广西游客满意度调查工作，调查范围涉及南宁市、柳州市、桂林市等 14 个设区市，以及上林县、三江侗族自治县、融水苗族自治县等广西特色旅游名县（含创建县）（简称特色县）和全域旅游示范区（含创建县），旨在通过调查了解全区旅游服务质量的基本情况，掌握广大旅游者对旅游服务的消费需求，查找在旅游管理、旅游环境、基础设施和服务提供等软硬件方面存在的问题，为各级政府和旅游行政管理部门进行科学决策提供参考信息，不断提升旅游服务质量，促进广西旅游业科学、快速、健康发展。

本书对广西各城市和县域的游客满意度研究主要是通过定性研究与定量调查相结合的研究方法，以旅游者感受为对象，制定了游客满意度四级评价指标体系，通过发放问卷获取调查数据，重点采用结构方程模型进行游客满意度的评价。

本书研究表明，2016 年广西 14 个设区市游客满意度中，南宁、柳州、桂林、梧州、百色、来宾、贺州、河池、防城港 9 市处于"满意"水平，而其余 5 市处于"基本满意"水平，整体可分为两个水平阶段。2016 年各特色县游客满意度表现为两个梯度：桂平、巴马、涠洲岛、乐业、龙州、宜州 6 县处于"基本满意"水平，其余 17 个特色县分布于最低的容县 80.22 至最高的金秀 84.35 之间。2017 年广西各设区市游客满意度总体达到"满意"水平，但年度均值偏低，仅为 81.03，因此各设区市距离整体上达到"非常满意"水平还有很大的提升空间。2017 年各特色县游客满意度指数平均值为 81.96，总体处于"满意"水平，峰值和低谷约相差 10.00，差距比较明显。2018 年广西各设区市游客满意度总体处于"满意"水平，但指数偏低，年均值仅达 81.34。2018 年各特色县游客满意度总体上在"基本满意"和"满意"水平之间，年度均值 80.03。各特色县和"创域县"2018 年第四季度游客满意度总体处于"满意"水平，年度均值为 81.77。2019 年广西各设区市游客满意度处于"基本满意"与"满意"水平之间,年度均值仅为80.65。2019年广西各特色县和"创域县"游客满意度指数均值达到81.20,总体处于"满意"水平。

通过对游客满意度调查和研究分析,结果表明,广西游客满意度总体趋势是上升的。目前,广西旅游业已经迎来大众旅游新时代、全域旅游新方位和品质旅游新战略的机遇期。广西全域旅游以创建特色旅游名县为切入点和着力点,同步开展广西特色旅游名县和全域旅游示范区创建工作,共同促进县域旅游转型升级,形成"双创双促"的全域旅游发展的"广西模式",不断推动旅游业由"景区旅游"向"全域旅游"发展,努力实现全民共享广西旅游发展成果。同时,在游客满意度调研和研究过程中,也发现了广西旅游业还存在一些问题,包括:旅游基础设施与公共服务配套设施不够完善、旅游供给侧改革有待深化、旅游品牌形象需要创新、旅游信息化管理水平尚需提高、提升游客满意度的长效机制需要完善、旅行社经营管理体制需要革新、旅游行业市场管理不够严厉、旅游整体营销力度有待加强等。针对广西游客满意度发展趋势及目前存在的问题,本书提出了提升广西游客满意度的总体对策:建立提升游客满意度的长效机制、构建面向未来的"旅游生态"、提高旅游服务软硬件水平、营造良好的旅游氛围等,从而促进游客满意度持续稳定上升。

在本书研究和编写过程中,得到了广西壮族自治区文化和旅游厅(原广西壮族自治区旅游发展委员会)、广西壮族自治区各地市文化和旅游行政管理部门及桂林旅游学院等单位领导及同仁们的大力支持和协助;特别得到广西游客满意度调查项目的资金资助,在此作者一并表示最真挚的感谢!

由于作者水平有限,时间仓促,书中难免存在疏漏之处,恳请广大读者与同行批评指正。

作　者

2022年4月

目 录

前言

第1章　绪论 ·· 1

　1.1　背景介绍 ·· 1

　　　1.1.1　国际背景 ··· 1

　　　1.1.2　国内背景 ··· 2

　　　1.1.3　自治区内背景 ·· 3

　1.2　游客满意度评价概况 ·· 4

　　　1.2.1　游客满意度评价意义 ·· 4

　　　1.2.2　内容与方法 ·· 5

　1.3　可行的新视角新方法 ·· 7

　参考文献 ·· 9

第2章　相关理论基础与文献综述 ··· 10

　2.1　文献来源与应用研究 ·· 10

　　　2.1.1　国外相关研究 ·· 10

　　　2.1.2　国内相关研究 ·· 12

　　　2.1.3　小结 ·· 14

　2.2　满意度及游客满意度的界定 ··· 14

　　　2.2.1　满意度 ··· 14

　　　2.2.2　游客满意度 ·· 14

　2.3　影响游客满意度的因素 ·· 14

　　　2.3.1　城市旅游形象 ·· 15

　　　2.3.2　游客预期 ··· 15

　　　2.3.3　感知质量 ··· 15

　　　2.3.4　感知价值 ··· 15

　　　2.3.5　游客抱怨 ··· 15

　　　2.3.6　游客忠诚 ··· 15

2.4 游客满意度的内容及评价方法 ··· 16
    2.4.1 游客满意度的内容 ··· 16
    2.4.2 游客满意度的评价方法 ·· 17
参考文献 ·· 18

第3章 游客满意度的评价指标体系 ··· 20

3.1 数据获取 ·· 20
3.2 游客满意度评价指标体系 ·· 20
    3.2.1 指标体系构建原则 ··· 20
    3.2.2 指标体系的构建 ·· 21
    3.2.3 变量描述 ·· 22
3.3 构建结构方程模型 ·· 23
    3.3.1 结构方程模型概述 ··· 23
    3.3.2 结构方程模型的应用分类 ··· 24
    3.3.3 结构方程模型的基本原理 ··· 24
    3.3.4 结构方程模型的优点 ··· 25
    3.3.5 模型的构建 ·· 25

第4章 2016年广西游客满意度调查 ·· 28

4.1 第一季度游客满意度调查 ·· 28
    4.1.1 总体情况 ·· 28
    4.1.2 基本分析 ·· 28
    4.1.3 主要问题 ·· 29
4.2 第二季度游客满意度调查 ·· 31
    4.2.1 总体情况 ·· 31
    4.2.2 基本分析 ·· 31
    4.2.3 主要问题 ·· 33
4.3 第三季度游客满意度调查 ·· 34
    4.3.1 总体情况 ·· 34
    4.3.2 基本分析 ·· 34
    4.3.3 主要问题 ·· 36
4.4 第四季度游客满意度调查 ·· 37
    4.4.1 总体情况 ·· 37
    4.4.2 基本分析 ·· 43

4.4.3 主要问题 ··· 45
4.5 2016 年游客满意度调查情况 ··· 46
  4.5.1 各设区市满意度指数年度比较 ······································ 46
  4.5.2 各特色县满意度指数年度比较 ······································ 48
4.6 2016 年工作相关建议 ··· 50

第 5 章 2017 年广西游客满意度调查 ·· 52

5.1 第一季度游客满意度调查 ··· 52
  5.1.1 总体情况 ··· 52
  5.1.2 基本分析 ··· 52
  5.1.3 主要问题 ··· 53
5.2 第二季度游客满意度调查 ··· 54
  5.2.1 总体情况 ··· 55
  5.2.2 基本分析 ··· 55
  5.2.3 主要问题 ··· 56
5.3 第三季度游客满意度调查 ··· 57
  5.3.1 总体情况 ··· 57
  5.3.2 基本分析 ··· 58
  5.3.3 主要问题 ··· 59
5.4 第四季度游客满意度调查 ··· 60
  5.4.1 总体情况 ··· 60
  5.4.2 基本分析 ··· 63
  5.4.3 主要问题 ··· 68
5.5 2017 年游客满意度调查情况 ··· 70
  5.5.1 各设区市满意度指数年度比较 ······································ 70
  5.5.2 各特色县满意度指数年度比较 ······································ 72
5.6 2017 年工作相关建议 ··· 76

第 6 章 2018 年广西游客满意度调查 ·· 78

6.1 第一季度游客满意度调查 ··· 78
  6.1.1 总体情况 ··· 78
  6.1.2 基本分析 ··· 78
  6.1.3 主要问题 ··· 79

6.2 第二季度游客满意度调查 ·········· 80
6.2.1 总体情况 ·········· 81
6.2.2 基本分析 ·········· 81
6.2.3 主要问题 ·········· 82

6.3 第三季度游客满意度调查 ·········· 83
6.3.1 总体情况 ·········· 83
6.3.2 基本分析 ·········· 83
6.3.3 主要问题 ·········· 85

6.4 第四季度游客满意度调查 ·········· 85
6.4.1 总体情况 ·········· 85
6.4.2 基本分析 ·········· 92
6.4.3 主要问题 ·········· 94

6.5 2018年游客满意度调查情况 ·········· 95
6.5.1 各设区市满意度指数年度比较 ·········· 95
6.5.2 各特色县满意度指数年度比较 ·········· 97
6.5.3 特色县和"创域县"满意度第四季度指标比较 ·········· 101

6.6 2018年工作相关建议 ·········· 106

第7章 2019年游客满意度调查 108

7.1 第一季度游客满意度调查 ·········· 108
7.1.1 总体情况 ·········· 108
7.1.2 基本分析 ·········· 108
7.1.3 主要问题 ·········· 109

7.2 第二季度游客满意度调查 ·········· 110
7.2.1 总体情况 ·········· 110
7.2.2 基本分析 ·········· 111
7.2.3 主要问题 ·········· 112

7.3 第三季度游客满意度调查 ·········· 113
7.3.1 总体情况 ·········· 113
7.3.2 基本分析 ·········· 113
7.3.3 主要问题 ·········· 115

7.4 第四季度游客满意度调查 ·········· 116
7.4.1 总体情况 ·········· 116
7.4.2 基本分析 ·········· 123

	7.4.3	主要问题	124
7.5	2019年游客满意度调查情况		125
	7.5.1	各设区市满意度指数年度比较	125
	7.5.2	各特色县和"创域县"满意度指数年度比较	127
7.6	2019年工作相关建议		132

第8章 广西旅游业的现状与问题 …… 134

8.1 广西旅游业发展现状 …… 134
- 8.1.1 广西旅游业总体发展现状 …… 134
- 8.1.2 广西游客满意度变化趋势 …… 134

8.2 广西旅游业发展存在的问题 …… 139
- 8.2.1 旅游基础设施与公共服务配套设施不够完善 …… 139
- 8.2.2 旅游供给侧改革有待深化 …… 139
- 8.2.3 旅游形象需要品牌创新 …… 140
- 8.2.4 旅游信息化管理水平尚需提高 …… 140
- 8.2.5 旅游服务水平需要提升 …… 140
- 8.2.6 提升游客满意度的长效机制需完善 …… 141
- 8.2.7 旅行社经营管理体制需要革新 …… 141
- 8.2.8 旅游行业市场管理不够严厉 …… 141
- 8.2.9 旅游整体营销力度有待加强 …… 142

第9章 提升游客满意度的总体对策 …… 143

9.1 建立提升游客满意度的长效机制 …… 143
- 9.1.1 构建长效的组织保障体系 …… 143
- 9.1.2 健全长效动态监测与预警体系 …… 143
- 9.1.3 制定提升游客满意度的行动方案 …… 144
- 9.1.4 完善提高游客满意度的奖惩机制 …… 145
- 9.1.5 共建旅游纠纷处置应急联动机制 …… 145
- 9.1.6 强化长效的旅游综合执法力度 …… 146

9.2 构建面向未来的"旅游生态" …… 146
- 9.2.1 "旅游生态"存在的问题 …… 146
- 9.2.2 区块链技术在旅游业的应用前景 …… 147

9.3 提高旅游服务软硬件水平 …… 147
- 9.3.1 提高旅游服务硬件水平 …… 148

9.3.2　提升旅游服务软件水平 …………………………………… 149
9.4　营造良好的旅游氛围 ……………………………………………… 151
　　9.4.1　从视觉方面营造良好旅游氛围 …………………………… 151
　　9.4.2　从听觉方面营造良好旅游氛围 …………………………… 152
　　9.4.3　从嗅觉方面营造良好旅游氛围 …………………………… 153
　　9.4.4　从触觉方面营造良好旅游氛围 …………………………… 153
　　9.4.5　从味觉方面营造良好旅游氛围 …………………………… 154

第 1 章 绪 论

1.1 背景介绍

1.1.1 国际背景

随着时代发展，旅游在人们生活中所占的比重越来越高。人们从关注最基本的衣食住行，转向关注精神的发展与富足。越来越多的人更愿意走出家门，去探索、去了解、去感受不同的文化及风土人情。这种发展趋势必将促进旅游业高品质竞争更加激烈。游客满意度（tourist satisfaction degree，TSD）在衡量一个地区旅游业发展水平时具有举足轻重的作用，因而受到旅游企业及政府相关部门的高度关注。

游客满意度理论是旅游市场竞争条件下由顾客满意度理论发展而来的，顾客满意度研究始于 20 世纪 60 年代早期。美国消费学家 Cardozo（1965）首次在市场营销学领域提出"顾客满意度"这一概念，顾客满意度形成过程中，产品绩效与期望差异理论对其产生一定影响，为市场营销学领域相关研究创造了良好的条件，顾客满意度可带动顾客行为这一理论在市场营销领域被广泛接受。因而，通过游客满意度测评来了解和掌握旅游业服务水平、旅游吸引力和旅游竞争力，建立游客评价机制，是全方位提升旅游竞争力的重要方式。

近年来，游客满意度感知研究引起广泛关注，国外学者对游客满意度展开大量研究。Akama 和 Damiannah（2003）使用 SERVQUAL 模型分析肯尼亚 Tsavo 国家公园对游客的服务质量。Truong 等（2017）将越南山城 Dalat 作为案例进行分析，将定性和定量数据结合在识别网格中，通过分析游客满意度和游客行为，认为确定旅游目的地的独特特征是旅游发展和管理的必要条件。Mutanga 等（2017）通过实证研究津巴布韦的哥纳瑞州国家公园（Gonarezhou National Park）和马图萨多纳国家公园（Matusadona National Park），发现游客参观国家公园的主要推动因素是"休闲和寻求知识"及"欣赏野生动物和亲近自然"，该研究强调了解旅游动机，有利于规划和管理公园，并且建议在旅游产品和促销计划开发过程中，公园营销要考虑旅游异质性和人口需求。Jensen 等（2017）系统地分析了不同类型现场因素对不同景点游客满意度的影响，提出了对不同演示工具在旅游景点中不同作用的新见解，指出了管理和营销人员对推动游客满意度的重要影响。

1.1.2 国内背景

中国已步入大众旅游时代,国家关于旅游业发展的宏观政策和发展战略在不断调整与完善,中国旅游业地位已跃升到"国民经济的战略性支柱产业和人民群众更加满意的现代服务业",这是目前国家层面关于旅游业的最高定位。

1998 年,中国旅游业作为经济产业的定位得到完全认可,中央经济工作会议明确提出将旅游业确定为国民经济新的增长点,实现了从外交事业到经济产业定位的转变。2001 年,《国务院关于进一步加快旅游业发展的通知》提出要树立"大旅游"的观念,这标志着旅游业从经济产业定位提升为综合性产业。进入 21 世纪以来,《国务院关于加快发展旅游业的意见》(国发〔2009〕41 号)将旅游业确定为国民经济战略性支柱产业;《关于全面推进政务公开工作的意见》(国办发〔2016〕80 号)把旅游业作为幸福产业之首,其成为中国旅游业地位提升的重要标志之一。2018 年全国两会后,文化部和国家旅游局合并,组成文化和旅游部,这是新时代条件下对旅游业战略地位的新推动。因此,为积极响应国家号召,应大力发展旅游业来推动地区经济繁荣,实现人民群众更加满意的旅游体验,因此开展中国旅游评价工程势在必行。建立全方位覆盖城市、乡村整体环境、旅游公共服务及相关领域的游客满意度调查评价体系,开展全国游客满意度调查,是提升中国旅游业质量的重要工作之一。

国内旅游界从 20 世纪 90 年代中后期开始研究游客满意度,主要集中在旅游目的地游客满意度形成机理、测评模型等方面,其中包括旅游景区、旅游生态圈、乡村旅游等的游客满意度及如何提升游客满意度等方面的研究。例如,张妍和刘建国(2018)运用逻辑斯谛(Logistic)回归分析影响游客满意度感知评价的数据,揭示自然风光类景区游客满意度评价影响因素的一般规律。王晴等(2018)基于体验视角,通过因子分析发现,保定市农业生态园内设施体验因子、旅游产品体验因子、景观要素体验因子满意度均值明显低于相对应的重要程度平均值。邢权兴等(2014)运用模糊综合评价法,通过皮尔逊(Pearson)相关系数分析发现,游客满意度受景观、环境卫生以及避雨遮阳设施等因子影响显著。但国内对于省级水平及其范围内各市、县等不同层级的游客满意度调查项目及管理的研究非常有限。而各省市单位因其自身地理位置、交通水平、经济发展水平、旅游资源丰度及结构、社会文化等差异很大,因而需要"因地制宜"地制定出更加合理,且更具有针对性的发展战略。根据各地区不同的优劣势,着眼于当下,放眼于未来,扬长避短,以推动当地旅游业可持续繁荣发展。其中,省市范围游客满意度调查项目的开展是至关重要的一环。省市范围游客满意度调查项目的合理性、高效性会对当地旅游业发展产生重大影响;游客满意度调查方法的合理性和严谨性也会直接影响游客满意度数据的真实性与客观性；同时，根据当地旅游业游客满意情况，由下向上，也需要提出更具有针对性的政策调整建议，再根据调整后的政策的具体实施情况加以严格监控和适时反馈。从游客满意度调查获取当地旅游业目前存在的问题，到针对性地解决问题并从中发现新的优势资源，对问题进行改进与提升，从而促使整个过程能够形成严格监控和适时反馈的闭环流程。

1.1.3 自治区内背景

为了全面了解游客对广西旅游的满意度，科学分析游客对广西旅游消费的评价，有效地促进广西旅游服务质量提升，广西壮族自治区文化和旅游厅（原广西壮族自治区旅游发展委员会）于 2015 年第三季度启动了广西游客满意度调查工作，旨在通过调查了解全区旅游服务质量的基本情况，掌握广大旅游者对旅游服务的消费需求，查找在旅游管理、旅游环境、基础设施和服务提供等软硬件方面存在的问题，为各级政府和旅游行政管理部门进行科学决策提供参考信息，不断提升旅游服务质量，促进广西旅游业科学、快速、健康发展。

广西游客满意度调查范围涉及南宁市、柳州市和桂林市等 14 个设区市，以及上林县、三江侗族自治县和融水苗族自治县等广西特色旅游名县（含创建县）和全域旅游示范区（含创建县）。调查对象为各市县接待的游客，包括团队游客和自助游散客。调查以定点拦截访问、网络舆论评价、当地旅游投诉分析为主，并与计算机辅助电话调查（CATI）及网络调查相结合。问卷调查现场拦截地点优先选择各市县 AAA 级以上旅游景区、三星级以上旅游饭店，以及旅游度假区、乡村旅游区、车站、码头、机场、火车站、游客集散中心等游客聚集较多的场所。

调查内容涉及推动地方党委和政府重视旅游业的指标、游客满意度调查的国家标准指标和游客的意见或建议。具体内容，即①总体评价：城市整体形象（包括美丽度、清洁度、友好度、便利性、安全性等），质量感知价值，总体满意程度。②城市建设和管理：包括城市规划与建筑、街道与园林绿化、当地历史文化氛围、公共设施、环境质量、乡村建设、安全与应急救援系统、市民形象和行为。③公共行业服务：包括供水供电、手机与互联网覆盖、银行刷卡便利性、公共厕所、交通标志、出租车、城市公交、自驾车设施、机场、火车站、码头等。④旅游窗口服务：包括旅游车船、餐饮、住宿、购物、文化娱乐、景区景点、旅行社、导游、无障碍设施、服务规范程度、总体服务水平。⑤适用于特色旅游名县（含创建县）和全域旅游示范区（含创建县）的特色旅游指标：包括特色文化（含演艺、节庆等），特色建筑，特色步行街区，特色古镇、古村落或民族村寨，特色餐馆和地方特色风味美食，特色旅游土特产、工艺品等，特色旅游资源，特色旅游服务项目。⑥开放性问题。

1.2 游客满意度评价概况

1.2.1 游客满意度评价意义

1. 游客满意度是衡量旅游业发展质量的重要指标之一

对于旅游目的地发展而言，游客满意度是衡量旅游目的地发展质量高低的重要指标。国内外学者通常将游客满意度定义为旅游者对目的地的期望与对其游览、体验后的结果进行评价的心理过程。较高的游客满意度不仅能够提高目的地旅游形象、打造良好的旅游口碑、提高游客忠诚度和重游率，还有助于增强目的地服务质量和管理水平。只有实现了游客最大限度的满意，才能获得稳定的规模化客流，最终才能促进效益增长。学者们常依据基础设施、服务设施、社会服务、旅游景观等评价指标来判断软硬件设施是否满足游客需求、是否使游客满意。由此可见，游客是否满意也可作为衡量一个城市是否成功建设成为旅游目的地的参考标准。

2. 游客满意度研究对旅游业具有重要指导意义

从实践意义方面来考虑，开展游客满意度调查研究主要表现为对旅游者、旅游业经营者、旅游管理部门行为三方面的作用。首先，就旅游者而言，通过满意度调查，旅游者更加明确自身旅游需求，在出游之前对于目的地选择多加考虑，从而减少期望值和实际感知之间的差距，获得较满意的旅游体验。其次，就旅游业经营者而言，明确游客的满意度，一方面可以检验自身经营的合理度，另一方面也可以通过游客对各方面的感知改善经营方式，创新经营理念，为游客提供需要的旅游产品。最后，就旅游管理部门而言，广大游客是否满意是旅游工作的出发点和落脚点，只有通过调查，才能了解游客的心声，了解市场现状，继而通过合理有效的政策调整，推动旅游业又好又快发展。游客满意度是游客预期价值实现程度的晴雨表，适时预测、预报和监控该指标，不仅能让管理部门和旅游企业随时掌握游客的各种需求，也有利于政府和企业建立快速反应机制，以便及时调整、纠偏、完善不符合市场发展的旅游产品与服务方式，从而达到双赢的目标。

3. 广西游客满意度研究和实践填补了该领域的空白

本书在国内外相关研究的基础上，旨在以广西各城市与县域为单位，从游客满意度的视角，实证考察研究旅游目的地的发展质量，揭示旅游目的地建设中可能存在的不足与短板，为实现旅游产业引领的省级水平旅游区域发展提供经验借鉴。自 2015 年下半年开始，通过全面调查广西旅游服务质量的基本情况，掌握了广大旅游者对旅游服务的消费需求，查找了在旅游管理、旅游环境、基础设施和服务提供等软硬件方面存在的问题，为各级政府和旅游行政管理部门创建广西特色旅游名县（含创建县）以及全域旅游示范区（含创建县）提供了科学决策的参考信息，促进了广西旅游业科学快速、健康与可持续发展。

1.2.2 内容与方法

1. 内容

国内游客满意度研究主要集中于游客满意度含义和影响因素、游客满意度测评及游客满意度实证研究等方面。纵观国内外游客满意度研究，研究对象上，包括微观层面的旅游产品、中观层面的旅游行业和宏观层面的旅游目的地；研究内容上，涵盖游客满意度内涵、形成机理、测评方法与模型；研究方法上，从定性研究走向定量研究。目前，关于游客满意度研究多以游客满意度本身的理论探讨和归纳研究为主，而将游客满意度理论作为一般理论工具指导旅游发展的演绎研究较少，基于旅游产品开发和市场营销策略的满意度研究将成为游客满意度研究的重要方向。

本书旨在对以广西各城市及县域为单位的旅游目的地游客满意度进行调查研究。广西游客满意度调查范围涉及南宁市、柳州市、桂林市等14个设区市，以及上林县、三江侗族自治县、融水苗族自治县等广西特色旅游名县（含创建县）和全域旅游示范区（含创建县）。

2. 方法

广西各城市和县域的游客满意度研究主要是通过定性研究与定量调查相结合的研究方法，以旅游者为着眼点，制定游客满意度评价指标体系，通过问卷调查来获取调查数据，主要采用模糊综合评价法、因子分析法以及重要性及其表现分析（importance performance analysis，IPA）法来研究游客满意度。

1) 数据收集和分析

首先，进行实地考察和资料的初步收集，通过实地调研，统计广西各城市和县域旅游业发展的基本情况。其次，通过查阅文献，学习和研究前人在游客满意度方面的成果，并进行问卷设计，问卷内容主要包括游客对当地基础设施、服务水平是否满意等；实地发放问卷获取数据信息，整理分析数据。最后，分析影响当地游客满意度的因素，并针对存在的问题提出适当可行的建议。

问卷调查主要采用不记名随机抽查的方式进行，将游客满意度问卷调查的42个定性指标用1~10进行量化，同时将舆情及投诉等定性指标也进行量化，用游客满意度指数来表示游客满意程度。第一，若干问卷调查员及问卷调查APP后台监控员根据调查城市的位置、问卷调查 APP 规定的时间和场所等相关采样要求，按就近原则，完成各个市县现场进行的问卷调查。第二，若干舆情信息采集员利用舆情信息采集系统，对各大型旅游网站进行景区、酒店、美食、交通、休闲娱乐等舆情信息的采集，如广泛搜索携程、去哪儿、驴妈妈等网站，搜集调查季度内网友对全区调查单位的各种评论，包括积极评论和消极评论。第三，若干投诉信息采集员利用问卷调查 APP 中的旅游投诉模块以及各大网络旅游投诉平台，进行各市县旅游投诉信息采集，投诉信息包括具体旅游投诉次数、旅游投诉内容及旅游投诉处理情况等。通过系统分析，完成问卷调查信息采集、舆情信息采集、投诉信息采集等，最终进行数据汇总整理、数据清洗、数据有效性检测、数据统计分析等，计算出各项数据汇总表，如问卷满意度、舆情满意度、投诉满意度及各分项满意度数据。总体来说，广西游客满意度调查项目具有调查范围广、调查频率高、调查场所多、采样量大等特征。游客满意度的定性与定量关系见表 1-1。

表 1-1　游客满意度的定性与定量关系

满意程度	非常满意	满意	基本满意	不满意	很不满意
对应指数	≥90	≥80，<90	≥70，<80	≥60，<70	<60

2）制定系列游客满意度调查管理办法

为推进广西游客满意度调查工作高效、有序、顺利进行，确保游客满意度调查结果的客观、真实、可靠，项目团队制定了关于广西游客满意度调查的一系列管理制度和管理办法，所有参与广西游客满意度调查的人员必须严格遵守这些管理制度和管理办法。这些管理制度和管理办法包括"数据采集管理办法""数据输入管理办法""调查质量控制办法""财务报账办法""游客满意度调查巡视管理办法"等。

3）及时定期向被调查单位反馈调查成果

每个季度将游客满意度调查成果整理成"广西游客满意度调查总报告"和各县（区、市）分报告，总报告报送项目委托单位，分报告及时反馈给被调查的各县（区、市），以利于被调查单位整改提升。对于游客满意度存在问题较严重的被调查单位，项目团队还需要派出技术骨干进行实地调查，帮助被调查单位找出问题的症结，提出提升游客满意度的措施和建议。

3. 调查内容

1）调查对象

2019 年第一季度游客满意度调查包括网络调查和实地调查。因此，按照调查对象属性，可分为网络受访游客和实地受访游客。而对于实地受访游客，根据采样要求，不仅需要同时调查散客和团队游客，还需要同时调查老年游客、中年游客、青年游客和少年（学生）游客。

调查对象按地点分，每个设区市每次至少需要调查一个国家AAAA级旅游景区、一个四星级以上酒店，还有车站、机场、火车站、码头、游客集散中心等游客聚集场所；每个特色旅游名县（含创建县）和全域旅游示范区（含创建县）至少需要调查一个国家AAA级旅游景区、一个三星级以上酒店，以及当地游客集散中心、汽车站、火车站、机场、码头等游客聚集场所。

2）调查范围

广西游客满意度调查单位包括南宁市、柳州市和桂林市等14个设区市和上林县、三江侗族自治县、融水苗族自治县等特色旅游名县（含创建县）和全域旅游示范区（含创建县），见表1-2。

表1-2　广西游客满意度调查涉及范围

调查范围	具体调查对象
设区市	南宁市、柳州市、桂林市、梧州市、北海市、防城港市、钦州市、贵港市、玉林市、百色市、贺州市、河池市、来宾市、崇左市
特色旅游名县（含创建县）和全域旅游示范区（含创建县）	上林县、邕宁区、青秀区、兴宁区、马山县、三江侗族自治县、融水苗族自治县、鹿寨县、城中区、阳朔县、兴安县、龙胜各族自治县、资源县、荔浦市、恭城瑶族自治县、雁山区、灵川县、永福县、秀峰区、蒙山县、涠洲岛、合浦县、海城区、东兴市、钦南区、桂平市、港北区、平南县、容县、北流市、玉州区、靖西市、乐业县、平果县、凌云县、昭平县、巴马瑶族自治县、宜州区、凤山县、南丹县、金秀瑶族自治县、合山市、忻城县、大新县、龙州县、凭祥市、宁明县

注：表中数据为2018年第四季度执行的调查范围。

1.3　可行的新视角新方法

尽管针对游客满意度的研究成果日益丰富，但关于游客满意度的研究仍存在以下几方面问题：首先，游客满意度测量通常基于期望-不一致模型。根据该模型，当表现达到或超过期望时，产生满意；当表现未达到期望时，产生不满意。但是期望-不一致模型是否适用于测量游客满意度的问题往往被旅游研究者们所忽视。期望-不一致模型的一个重要隐含假设是期望的存在，且该期望是预测性期望。只有满足该条件，才能使用该模型测量游客满意度。如果在不满足该条件的情况下进行游客满意度测量，测量结果则无效度可言。尽管已有研究尝试使用其他方法测量游客满意度，如项目反应理论（IRT）、重要性及其表现分析（IPA）法、模糊重要性及其表现分析（Fuzzy-IPA）法、模糊综合评价法、灰色关联分析法、单纯感知模型等，但是上述测量方法仍然主要测量旅游过程中食、住、行、游、购、娱等方面的物理属性，没能测量对旅游目的地或旅游产品的体验属性。在体验经济时代，游客满意度的来源不同于产品经济或服务经济时代的游客满意度。在产品经济时代，若产品能够满足消费者的功能性需求,则消费者就会满意。在服务经济时代,若提供优质的、周到的服务,则消费者就会满意。然而,在体验经济时代,旅游者购买的是体验。若想让旅游者满意,旅游目的地或企业就一定要提供体验。因此,在游客满意度测量中一定要测量对体验的满意度。其次,尽管上述研究已经发现一些影响游客满意度的前因变量,如积极情感/消极情感,但是在期望-不一致模型的基础上,他们认为情感来源于认知,是期望与感受不一致的结果,所以没能探讨情感的其他来源。已有的心理学研究表明,情感不总是需要认知。情感可能产生于生物的、感官的或认知的事件。最后,对游客满意度的研究几乎只采用定量研究方法,但是只依靠单一的范式或方法研究任何营销现象都可能产生严重的局限,包括对游客满意度的研究。因此,关于广西游客满意度的研究可以尝试使用相对非传统的游客满意度研究方法——深度访谈和参与观察来研究游客满意度,从而弥补已有研究的不足,重新理解游客满意度的定义、来源和影响因素。

研究方法具体为:首先,通过深度访谈,识别旅游者在旅游之前是否具有预测性旅游期望,这是使用期望-不一致模型的前提条件;其次,探索游客满意度中情感的来源以及游客满意度和情感之间的关系;最后,结合体验式产品的特点,重新思考游客满意度的概念与测量问题。

研究发现:①通过深度访谈和参与观察法,发现旅游期望并不总是存在的;②期望与表现的负面不一致仍能产生满意;③情感的多种来源在游客满意度中有不同的重要作用;④情感的不同效价与游客满意度之间的关系,需要结合具体情景来考察情感与游客满意度之间的关系,无论是积极情感还是消极情感都有可能产生满意,见图1-1。

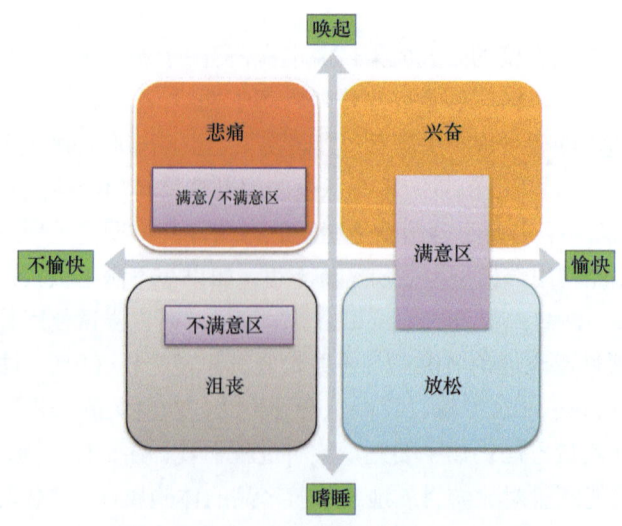

图1-1 情感二维度与游客满意度水平关系图

在体验经济时代和高品质文旅融合时代，产品的物理属性或服务层级在没达到一定的水平时就易导致游客不满意，但是如果能同时为游客提供难忘的体验，将有助于提升游客的满意度水平。鉴于情感体验在产品和服务质量与满意度之间的重要作用，游客满意度应重点测量对体验的满意程度。旅游体验的本质是愉悦，因此未来游客满意度研究可侧重于测量游客的情感，对游客的情感进行测量是对现有研究中主要从物理属性和服务质量方面进行游客满意度测量的有益补充。对于广西游客满意度的研究，若从该角度来进行深层次研究分析，则会对深挖掘、深开发当地旅游资源、提高游客满意度产生积极而深远的影响。

参 考 文 献

马天, 谢彦君, 李想. 2017. 换汤不换药? 游客满意度测量的迷思. 旅游学刊, (6): 53-59.

王晴, 贾哲, 张琪, 等. 2018. 基于体验视角的保定市农业生态园游客满意度研究. 林业与生态科学, 33 (3): 343-350.

夏杰长, 徐金海. 2018. 中国旅游业改革开放40年: 回顾与展望. 经济与管理研究, 39 (6): 7.

邢权兴, 孙虎, 管滨, 等. 2014. 基于模糊综合评价法的西安市免费公园游客满意度评价. 资源科学, 36 (8): 1645-1651.

张妍, 刘建国. 2018. 基于二元logistic回归的北京市自然风光类景区游客满意度研究. 干旱区资源与环境, 32 (11): 202-208.

Akama J, Damiannah M K. 2003. Measuring tourist satisfaction with Kenya's wildlife safari: A case study of Tsavo West National Park. Tourism Management, 24 (1): 73-82.

Cardozo R N. 1965. An experimental study of consumer effort, expectation and satisfaction. Journal of Marketing Research, 2 (8): 244-249.

Jensen O, Li Y, Muzaffer U. 2017. Visitors' satisfaction at managed tourist attractions in Northern Norway: Do on-site factors matter. Tourism Management, 63 (12): 277-286.

Mutanga C N, Vengesayi S, Chikuta O, et al. 2017. Travel motivation and tourist satisfaction with wildlife tourism experiences in Gonarezhou and Matusadona National Parks, Zimbabwe. Journal of Outdoor Recreation and Tourism, 20 (12): 1-18.

Truong T L H, Lenglet F, Mothe C. 2017. Destination distinctiveness: Concept, measurement, and impact on tourist satisfaction. Journal of Destination Marketing and Management, 23 (4): 214-231.

第 2 章　相关理论基础与文献综述

2.1　文献来源与应用研究

通过查阅和分析国内外相关文献，并对这些文献进行分类、归纳与总结，对本书分析将要用到的相关理论进行梳理，总结相关的分析研究成果，为本书理论分析与实证研究奠定基础。

2.1.1　国外相关研究

大量文献研究表明，对游客满意度的研究衍生于对制造业产品质量和服务质量的研究理论。20 世纪 70 年代，美国学者皮赞姆等提出，游客满意度是游客将对目的地的期望和到目的地后的实际感知相比较的结果，这一理论奠定了游客满意度研究的基础。

20 世纪 80 年代中后期至 20 世纪末，在加强服务质量管理和以游客满意为中心理念的推动下，一些从事旅游地营销、户外游憩、自然和文化遗产以及国家公园研究的学者逐渐关注游客满意度的相关研究，并开始尝试将理论应用于实践。

到目前为止，国外对游客满意度的研究主要集中在三个方面：游客满意度内涵、游客满意度影响因素及游客满意度测评。

1. 游客满意度内涵的研究

Pizam 和 Neumann（1978）所提出的游客满意度是期望和感知的对比结果，这一理论已经得到了旅游行业的广泛认同。

Hughes（1991）认为，游客满意度不是绝对的期望与感知的对比，即使游客的实际体验不如预期的好，但游客对旅游目的地的态度仍然可以是满意的，并且他将游客满意度划分为 3 个层次：非常满意、很满意和满意。

Baker 和 Crompton（2000）认为，游客满意度是游客进行旅游体验之后，游客对旅游目的地的景观、配套设施、体验活动、环境以及服务接待等方面的一种综合评价。

Chon 和 Olsen（2004）认为，游客满意度应该包括功能调和以及形象调和两方面的内容，要让游客满意，就要做到功能调和一致和形象调和一致。功能调和是游客期望与感知之间的调和一致，形象调和是游客自我印象和目的地形象之间的调和一致。

还有一些研究者从社会交换的角度研究了游客满意度产生的缘由：游客在结束旅途之后，对被感知的投入（旅游体验）与产出（旅游收获）进行对比，如果投入与产出相符，反映出来的态度就是满意，反之则不满意。

2. 游客满意度影响因素的研究

Pizam 和 Neumann（1978）在研究海滨类旅游地时，提出海滩、(游憩) 机会、成本、友好程度、餐饮设施、住宿设施、环境、商业化程度是影响海滨类旅游景区游客满意度的因素。

Dorfman（1979）经过对野营活动的调查，将个人目的、环境条件（如天气、景色等）和活动参与性等作为游客满意度的影响因素。

Haber 和 Lerner（1998）对内盖夫南部风景如画的沙漠地区的 53 个旅游企业进行深入访谈调研，结果显示，游客满意度与旅游企业所在地的吸引力呈正相关，企业实力和提供服务项目的数量和质量、企业家管理技能、个人创业特征均对旅游者满意度有重要影响。

由于旅游涉及的行业范围广泛，影响游客满意度的环节也是多方面的，任何一个环节的失误都有可能造成游客的不满。针对这一特征，Whippet 提出了"晕轮效应"。

游客满意度往往是游客在游览途中或结束旅程后产生的一种心理感应。但是，Mazursky（1989）在研究喀斯特类景观的游客行为时，考虑到游客过去的经历对未来满意度的影响。

可以认为，不同景观类型所具有的影响因素各有差异，因此在进行游客满意度研究时应该实事求是，针对资源特征提出相应的影响因素。

Nuntsu 等（2004）为了研究南非民宿市场的成功因素和制约因素，以电话调查的方式，发现该地区大力推行网络和口碑营销是其成功的关键，但政府的不作为和缺乏技术创新制约了当地民宿市场的发展。

Laudia 等（2012）调查了不同的社会经济和生态变量，以及旅游运营相关因素对秘鲁三个亚马孙旅馆的游客整体满意度的影响，发现了三种类型的游客，其不同点在于社会经济模式、文化因素以及他们的动机。

Chen 等（2016）调查影响游客满意度的主要因素（包括价格、媒体和其他人口因素），并进一步研究价格效应对游客满意度与各种广告媒体（如电视）之间的相互作用的影响。

Walters 等（2017）探索性地研究了 2016 年 8 月巴西里约奥运会期间游客风险认知的相关项目，如游客对恐怖主义威胁、寨卡病毒和犯罪活动的担忧程度，并收集有关人口统计背景和过去旅行行为等信息，最终确定这些变量的解释力。

3. 游客满意度测评的研究

游客满意度测评主要是运用模型进行数据分析，从而得出结论进行发展预判，主流的模型有美国顾客满意度指数（ACSI）模型、感知绩效模型、花费-收获模型、期望差异模型。

ACSI 模型是科罗思咨询集团的创始人兼董事长费耐尔（Fornell）等在瑞典顾客满意指数模式（SCSB）的基础上创建的顾客满意度指数模型。该模型一共包含六个潜在变量：顾客期望、顾客感知、感知价值、顾客满意、顾客抱怨和顾客忠诚。感知绩效模型由特斯（Tse）和威尔顿（Wilton）于 1988 年提出。该模型认为，无论游客出游前对目的地的期望如何，游客满意度只取决于在目的地的实际感知。该模型只适用于游客对目的地的信息比较模糊的情况。花费-收获模型由奥利沃（Oliver）和斯旺（Swan）于 1989 年提出，他们认为，影响游客满意度高低的原因是，游客会将自己在旅游过程中的收获与自己为此次旅游所花费的时间、精力和金钱进行比较，如果收获大于花费，则对此次旅游很满意，反之则不满意。期望差异模型由奥利沃提出，他认为，应该将游客的期望值和实际感知值进行比较，如果两者出现不一致，则说明存在差异，期望值小于实际感知值，则说明是满意的，反之则是不满意的。

2.1.2 国内相关研究

中国的游客满意度研究起步较晚，同国外的发展顺序大致相同。国内早先的相关研究主要涉及游客满意度的定义、影响因素和作用等。通过对国内文献的分析，发现国内游客满意度研究的侧重点放在游客满意度测评模型的构建及实证研究两个领域。

1. 游客满意度测评模型的构建

在构建游客满意度模型时，国内学者在游客满意度理论和国际主流模型的基础上，将理论与旅游业紧密结合。

连漪和汪侠（2004）以旅游业的六大要素为依据，运用 Fornell 提出的顾客满意度指数理论，构建了旅游地顾客满意度指数（tourism destination customer satisfaction index，TDCSI）测评的因果模型，并指出：顾客期望、感知质量和感知价值这三个变量决定着游客的满意程度。

王群等（2006）基于 ACSI 模型，从旅游环境感知、旅游期望、游览价值、游客满意度、游客忠诚和游客抱怨六个层面建立了游客满意度指数测评模型，将该模型应用于黄山风景区，并进行了实证检验。

董观志和杨凤影（2005）认为，游客满意度的测评体系由三个层次构成，每个层次下属不同的指标项目。第一层次为游客的总体满意度；第二层次包括旅游业的六大要素以及旅游地服务、设施及形象等九项内容；第三层次是评价因子层。同时，结合模糊评价法建立游客满意度的数学模型。

曾祥添（2017）针对多类型评价信息的旅游景区游客满意度评价问题，采用实数、区间数、三角模糊数、直觉模糊语言变量和直觉模糊数5种不同类型的指标表示旅游景区的评价信息，并提出了一种基于相对贴近度的评价方法。

2. 实证研究

国内实证研究课题一般选定的旅游目的地都是旅游业相对比较发达的城市或景区，见表2-1。在进行实证研究时，一般选择调查问卷的形式，并结合国际主流模型或国内已建立的模型，对所得数据进行分析，同时对当地未来的旅游发展提出相应的建设性意见。

表2-1 国内游客满意度实证研究概况

研究者/年份	选择地	研究目的或建议
李舟/2001	深圳华侨城	满意度调查/未来主题公园的发展建议
陈志钢/2004	南京中山陵	满意度调查/中山陵品牌塑造方法
肖朝霞/2005	香格里拉碧塔海景	生态旅游景区管理的游客满意度动态监测
陈玉英/2006	河南开封	游客感知与满意度的关系
刘曹阳/2007	黄浦江	水上游客满意度/改善黄浦江旅游相关措施建议
王亮亮/2007	山西临汾华门景区	满意度调查/景区现存问题及解决途径
周玲飞/2008	泰宁世界地质公园	满意度状况与分析
……	……	……
张燕、郭新/2017	四川九寨沟	自驾游客满意度调查/游客满意度影响因素/旅游服务业的建议和意见
张俊娜/2019	河北曲周相公庄乡	休闲农业满意度评价
梁亚东/2019	宁波春晓	游客满意度影响因素/民宿游客满意度调查/提高乡村民宿游客满意度的意见和建议

在对收集的游客满意度数据进行分析时，大多采用SPSS软件，比较有创新的是马秋芳等（2006）首次应用合图法（co-plot）分析了西安来自欧美国家和地区的游客的期望和感知特点，并根据SPSS得出的期望值、实际感知值和两者的差异值，将影响游客满意度的相关指标分成八大类，并将八大类的关系用图形进行清晰的展示。

李瑛（2008）以西安地区的国内市场为例，通过对抽样调查所得的数据进行

co-plot 分析和多元回归分析，得出游客满意度与期望值呈负相关，并提出游客满意度提高的前提是进行游客期望值的管理。

屈艺（2017）根据游客满意度评价指数模型和汪侠等的 TDCSI 模型，结合民宿旅游的特征，通过问卷调查和面谈的形式，构建了利川市民宿旅游游客满意度理论模型，深入分析了影响游客满意度的各个因素，找出了利川市民宿旅游存在的问题，并提出了相关解决办法。

2.1.3 小结

纵观国内外游客满意度的研究趋势，它们都经历了从理论到实践、从定性研究到定量研究的过程。同时也可以发现，由于定性研究的主观性缺点和定量研究过于追求数据的机械化缺点，研究者们开始从单纯的定性研究或是定量研究转向二者的结合，以弥补不足。

2.2 满意度及游客满意度的界定

2.2.1 满意度

"满意度"由现代营销学之父菲利普·科特勒提出，指期望值与实际感受之间的对比情况，是顾客在消费过程中，对产品或者服务是否满足自身期望的反馈评价，是一种心理层次的感受（刘福承和刘敏，2017）。

2.2.2 游客满意度

游客满意度（TSD）是指对旅游目的地旅游景观、基础设施、娱乐环境和接待服务等方面满足其旅游活动需求程度的综合心理评价。游客对旅游活动过程的实际感知和事先预期进行对比后发现，两者之间存在一定的心理差距。如果实际感知超过事前预期，即差距为正值时，游客会感到满意，差距越大游客就感到越满意；反之，负向差距越大就表明游客满意度越低。游客满意度作为游客满意的定量表述，是衡量旅游景区经营绩效和社会效益的综合性指标。

2.3 影响游客满意度的因素

影响游客满意度的主要因素大致可分为两类：原因因素、结果因素。借鉴国内外研究成果和实践经验，结合广西旅游现状特点以及调研的实际可操作性，本书采用的原因因素有城市旅游形象、游客预期、感知质量、感知价值，结果因素有游客抱怨、游客忠诚。下面对这些因素之间的影响关系机理做简要介绍。

2.3.1 城市旅游形象

城市旅游形象是游客对一个旅游目的地的最初认知，形象的好与差会直接影响游客预期、感知价值及游客满意度水平。

2.3.2 游客预期

游客在旅游前往往会怀着一种预期，即对即将进行的旅游活动的期待和期望，同一个旅游地，不同的游客会有不同的预期，而预期的高低会直接影响感知质量和感知价值。

2.3.3 感知质量

游客对一个旅游目的地的感知主要通过吃、住、行、游、购、娱等方面来体验，而体验的感知质量直接影响了感知价值和游客满意度。

2.3.4 感知价值

感知价值是游客所能感知到的利益与其在获取旅游体验和服务时付出的成本进行权衡后对旅游服务效用的总体评价，游客对旅游价值和意义的感知水平会直接影响游客满意度水平。

2.3.5 游客抱怨

游客在旅游之后，若形成了不满意的心理感受，则会有一些后续行为，抱怨就是其中的一种主要体现，而且游客的不满意程度越高，提出抱怨的可能性就会越大。

2.3.6 游客忠诚

游客忠诚是一种行为，是指游客对旅游目的地的偏好而经常性重游或推荐他人旅游的行为，主要受到游客满意度和游客抱怨的直接影响，游客抱怨与游客忠诚呈现负相关关系，即抱怨越多，则对旅游目的地越不忠诚，推荐他人旅游和重游的可能性越低，而游客满意度与游客忠诚呈现正相关关系，即游客满意度水平越高，重游或推荐他人去同一旅游景点的可能性越大。

2.4 游客满意度的内容及评价方法

2.4.1 游客满意度的内容

1. 旅游产品满意

游客满意度是游客在购买旅游产品之前,对购买的产品有一个心理上的期望值,旅游产品生产者提供的产品只有达到甚至超过游客的期望值时,游客才表现出对旅游产品的认可,即对旅游产品满意。游客期望的满足程度决定着游客满意度。游客对旅游产品的满意是游客满意度的核心,对于游客来说,旅游产品质量的好坏源于旅游过程,旅游过程中各个环节的质量都同等重要,对旅游产品质量的评定并不完全取决于为游客提供产品及服务的旅游企业,游客自身感受也很关键。因此,游客的感受和评判标准非常重要。

随着我国旅游消费的升级,游客对旅游的期望发生了质的变化,部分游客已不再满足于传统的观光旅游,而是赋予旅游更多的文化需求。旅游企业只有从旅游过程各个环节入手,精准定位各类客群,精细化开发各类旅游产品,才能满足游客日益增长的差异化需求。

2. 旅游服务满意

服务是一种产品,它必须能给服务的购买者带去利益和价值。相对于有形产品,服务的生产和销售有着自己特殊的规律。

服务的特殊性,致使旅游服务的提供者与服务的购买者对服务的结果表现出不同的态度。当旅游服务的提供者按照自己对服务的理解提供了"优质服务""微笑服务"等服务口号和表现"殷勤"的服务行为时,作为服务购买者的游客可能毫不领情,依然抱怨旅游服务质量,投诉依然可能发生。究其原因,实际上主要是旅游经营者满足的游客期望与游客自身期望存在差距,旅游经营者提供自认为满意的服务,但游客并不满意。要让服务的结果令游客满意,只有达到或超过游客的期望,才能从根本上减少投诉,提高游客满意度。

3. 旅游环境满意

旅游地的旅游环境是旅游业发展的重要载体,对旅游业可持续发展意义重大。旅游环境自身的优劣及游客对旅游环境的满意与否,直接关系到旅游产品的质量、旅游市场的开拓与旅游地的可持续发展。

随着旅游业的蓬勃发展及其在旅游地经济中作用的不断增强,旅游环境的负面影响与效应日益突显，如旅游资源的破坏，水体污染，旅游垃圾污染，旅游容量的超载，旅游地发展的商业化、城镇化、媚俗化等。旅游地应该像工业生产部门一样在质量上追求"零缺陷"，使游客在各方面都得到满足。

旅游环境是吸引游客前来旅游的基础，游客是旅游活动的主体、旅游环境质量的体验者，游客对旅游目的地环境的满意度将影响游客的后续旅游行为，游客对旅游环境满意度的高低是游客对旅游目的地是否满意的决定性因素，因此需要不断改善旅游环境来提高游客满意度。

2.4.2　游客满意度的评价方法

目前，我国游客满意度的评价方法主要有以下四种：重要性及其表现分析（IPA）法、模糊综合评价法、灰色关联分析法及结构方程法。本书将重点采用结构方程法进行游客满意度的评价。

1. IPA 法

所谓 IPA 法，即重要性及其表现分析法，是一种将消费者的满意度看成产品期待和产品表现的函数，并通过重要性-表现性的比较得出游客满意度的方法。

IPA 法是一种简单有效优化资源的方法，它的基本思想是通过比较服务评价因子的重要性与实际绩效满意度来确定服务质量改进的轻重缓急，以便决策者将有限的资源用在"刀刃"上，从而达到游客的最大满意。这种方法能够客观地评价影响旅游地满意度因子的重要性和表现性，在游客满意度测评中得以广泛应用。

2. 模糊综合评价法

模糊综合评价法是基于模糊变换理论，以模糊推理为主的定性和定量相结合的分析方法。它主要采用精确与非精确相统一的分析方法，引入隶属函数来描述客观事物的差异，并根据模糊数学的隶属度理论把定性评价转化为定量评价。

3. 灰色关联分析法

灰色关联分析法是根据因素之间发展趋势的相似或相异程度，找出各因素之间的影响关系及影响行为的主要因素，是衡量因素间关联程度的一种重要方法。作为一种对系统动态发展态势进行量化的分析方法，其在游客满意度测评中得以广泛应用。

4. 结构方程法

结构方程法包含测量方程与结构方程两部分，通过测量方程反映各个指标与潜在变量之间的关系，通过结构方程反映潜在变量之间的关系。

参 考 文 献

陈丽荣，苏勤．2007．我国游客满意度研究述评．资源开发与市场，（3）：266-268．
董观志，杨凤影．2005．旅游景区游客满意度测评体系研究．旅游学刊，（1）：27-30．
范晓庆．2007．乡村旅游游客失望与后悔对游客满意度的影响研究．成都：西南交通大学．
方炜，王莉丽，许亚玲．2016．游客生态旅游满意度影响因素研究．商业研究，62（11）：168-176．
冯淑慧．2017．巴马县康体旅游游客满意度影响因素分析——基于结构方程模型视角．河池学院学报，（6）：39-44．
李瑛．2008．旅游目的地游客满意度及影响因子分析——以西安地区国内市场为例．旅游学刊，23（4）：43-48．
连漪，汪侠．2004．旅游地顾客满意度测评指标体系的研究及应用．旅游学刊，19（5）：9-13．
刘福承，刘敏．2017．游客满意度的内涵、测评及形成机理——国外相关研究综述．地域研究与开发，（10）：67-73．
马秋芳，杨新军，康俊香．2006．传统旅游城市入境游客满意度评价及其期望-感知特征差异分析——以西安欧美游客为例．旅游学刊，21（2）：31-34．
屈艺．2017．利川市民宿旅游游客满意度研究．杭州：浙江工商大学．
汪侠，梅虎．2006．旅游地游客满意度：模型及实证研究．北京第二外国语学院学报，（7）：1-7．
王群，丁祖荣，章锦河，等．2006．旅游环境游客满意度的指数测评模型——以黄山风景区为例．地理研究，25（1）：171-181．
姚刘畅．2018．城市旅游综合体游客满意度调查研究——以汴梁小宋城为例．开封：河南大学．
曾祥添．2017．具有多类评价信息的旅游景区游客满意度评价方法．运筹与管理，26（7）：170-174．
Baker D A, Crompton J L. 2000. Quality, satisfaction and behavioral intentions. Annals of Tourism Research, 27 (3): 785-804.
Chen C M, Lin L, Chiu H H. 2016. Advertising medium effect on tourist satisfaction. Annals of Tourism Research, (57): 268-272.
Chon K S, Olsen M D.2004.Functional Congruity and Self Congruity Approaches to Consumer SatisfactionTourist.http://scholar.LibVT.edu/ejournals/JIAHR/issue3/index.Html. [2020-10-05].
Dorfman P W. 1979. Measurement and meaning of recreation satisfaction: A case study in

camping. Environmental and Behavior, 11 (4): 483-510.

Haber S, Lerner M. 1998. Correlates of tourist satisfaction. Annals of Tourism Research, 1 (26): 197-201.

Hughes K. 1991. Tourist of satisfaction: A guided "cultural" tour in North Queensland. Australian Psychologist, 26 (3): 166-171.

Laudia T C, Gonzalez J A, Martin L B.2012. Social-ecological factors influencing tourist satisfaction in three ecotourism lodges in the southeastern Peruvian Amazon.Tourism Management, 33(3): 545-552.

Mazursky D. 1989. Past experience and future tourism decisions. Annals of Tourism Research, 16(7):333-344.

Nuntsu N, Tassiopoulos D, Haydam N. 2004.The bed and breakfast market of Buffalo City (BC), South Africa: Present status, constraints and success factors. Tourism Management, 225(4) :515-522.

Oliver R L. 1980. A cognitive model of the antecedents and consequences of satisfaction decisions. Journal of Marketing Research, 17 (4): 460-469.

Oliver R L, Swan J E. 1988. Consumer perceptions of interpersonal equity and satisfaction in transactions: A field survey approach. Journal of Marketing Research, 53 (2): 21-35.

Pizam A, Neumann Y. 1978. Dimensions of tourist satisfaction with a destination area. Annals of Tourism Research, 5 (3): 314-322.

Tse D K, Wilton P C. 1988. Models of consumer satisfaction: An extension. Journal of Marketing Research, 25: 204-212.

Walters G, Shipway R, Miles L. 2017. Fandom and risk perceptions of olympic tourists. Annals of Tourism Research, (66): 210-212.

第 3 章 游客满意度的评价指标体系

3.1 数据获取

本书研究所采用的数据主要来源于问卷调查，广西壮族自治区文化和旅游厅（原广西壮族自治区旅游发展委员会）在 2016~2019 年，选取南宁市、柳州市和桂林市等 14 个设区市及上林县、三江侗族自治县和融水苗族自治县等广西特色旅游名县（含创建县）和全域旅游示范区（含创建县）为调查地。随机对各县（市、区）接待的游客发放问卷进行满意度调查，优先选择各县（市、区）AAA 级以上旅游景区、三星级以上旅游饭店，以及旅游度假区、乡村旅游区、车站、码头、机场、火车站、游客集散中心等游客聚集较多的场所。调查问卷的设计包含两大块：第一块是被调查者的基本信息，包括年龄、性别、教育程度和月收入等相关内容，第二块是根据满意度评价的相关指标而进行设定的。调查问卷采用利克特五级量表对各个指标分别打分，5 分对应很满意，4 分对应满意，3 分对应一般，2 分对应不满意，1 分对应很不满意。调查问卷共发放了 1500 份，回收了 1465 份，回收率为 97.7%，去掉 5 份废卷，共回收了 1460 份有效问卷，有效率为 97.3%。这些调查数据为本书研究模型构建提供了原始数据。

3.2 游客满意度评价指标体系

3.2.1 指标体系构建原则

在构建指标体系时，一方面要考虑相关的影响因素，另一方面要遵循指标设计原则，确保指标体系具有实用性和可操作性，以方便实际应用。根据实际需要，指标体系的设计应该遵循以下原则。

1. 科学性和可操作性

在选取评价指标时必须做到科学准确，这样才能保证研究和分析准确无误。详细指标的设计必须遵循客观规律，并且所设计的指标体系应全面涵盖影响游客满意度的各构成要素，让评价结果能够尽可能客观真实。

2. 整体性和针对性

由于旅游业具有综合性，与之关联的因素很多，所以在指标的选择上必须将所有的研究对象看作一个整体，注重时间、空间的选择，同时要避免评价项目和评价因子之间的重复。结合旅游业的相关特性，针对本地实际情况，尽可能地突显区域特色。

3. 层次性和代表性

影响游客满意度的因素多种多样，因此针对其复杂性，应该将评价指标体系划分成若干层次，使其分类明确，结构清晰、合理。另外，在指标的选择上无法做到面面俱到，只能选择具有代表性的指标。

3.2.2 指标体系的构建

目前，游客满意度评价指标体系在构建时大多数是吸收和借鉴顾客满意度理论，由于影响游客满意度的因素较多，本书在指标的选取上，主要根据游客满意度的影响因素，结合广西壮族自治区的区域特点，在借鉴前人研究成果的基础上，根据指标设计原则，初步构建广西壮族自治区游客满意度评价指标体系。同时，考虑到样本数据的全面性和科学性，广西游客满意度调查指数包括"团队指数"和"散客指数"，两者的权重根据团队和散客抽样比例进行计算，根据中国旅游研究院游客满意度评价经验，最终确定广西游客满意度评价指标体系。

本书从城市旅游形象、游客预期、感知价值、感知质量、游客满意度、游客抱怨、游客忠诚等方面对广西进行游客满意度评价，本次研究采用四级指标评价体系，具体内容见表 3-1。

表 3-1　广西游客满意度评价指标体系

第一层次	第二层次（潜在变量）	第三层次（可观测变量）	第四层次
设区市、特色旅游名县（含创建县）和全域旅游示范区（含创建县）的团队/散客游客满意度指数	城市旅游形象	旅游前预期评价	旅游要素可观测变量的细分评价指标
		旅游后总体评价	
		城市建设和管理	
		公共行业服务	
	游客预期	质量	
		过程	
	感知价值	价格合理	
		旅游质量与旅游价格相符	
	感知质量	交通	
		餐饮	

续表

第一层次	第二层次（潜在变量）	第三层次（可观测变量）	第四层次
设区市、特色旅游名县（含创建县）和全域旅游示范区（含创建县）的团队/散客游客满意度指数	感知质量	住宿	旅游要素可观测变量的细分评价指标
		购物	
		文化娱乐	
		景区景点	
		旅行社（散客无此项）	
		导游（散客无此项）	
		旅游公共服务	
		旅游特色（设区市无此项）	
	游客满意度	总体满意程度	
		实际感受与预期相比的满意程度	
	游客抱怨	游客是否抱怨	
		游客是否投诉	
		游客投诉处理满意程度	
	游客忠诚	未来重游与推荐亲友旅游的可能性	
		未来选择该旅行社的可能性（散客无此项）	

3.2.3　变量描述

1. 城市旅游形象

城市旅游形象指城市旅游者在游览城市的过程中通过对城市环境形体（硬件）的观赏游览和对市民素质、民俗民风、服务态度等（软件）的体验所产生的对城市的通体印象。城市旅游形象与游客满意度呈正相关关系。反映城市旅游形象的变量指标有很多种，本书研究选取旅游前预期评价、旅游后总体评价、城市建设和管理、公共行业服务这4个指标作为城市旅游形象的观测变量。

2. 游客预期

游客在旅游前有一种预期，即对旅游活动所提供的质量及旅游过程的期待和期望，同一个旅游地，不同的游客会有不同的预期，而预期的高低会直接影响感知质量和感知价值。

3. 感知价值

感知价值是指游客在旅游前，对目标旅游城市将要支付的费用和预期会获得的收益进行对比后形成的一种主观感受，选择价格合理和旅游质量与旅游价格相符两个指标作为感知价值的观测变量。

4. 感知质量

感知质量是指游客在感受到旅游服务后，对其旅游质量的实际感受。它是从游客的角度出发，对旅游服务质量的一种全面判断。其测量分为两方面：一是产品的感知质量测量，二是服务的感知质量测量。游客通常会根据旅游产品或旅游服务的实际感知质量，结合评价参照物的标准做出自己的判断，因此感知质量既有主观成分，也有客观成分。大量实证分析表明，感知质量与游客满意度存在正相关关系，它是游客满意度的重要原因变量。本书研究选取交通、餐饮、住宿、购物、文化娱乐、景区景点、旅行社、导游、旅游公共服务、旅游特色（设区市无此项）等测量指标，其中旅行社、导游这两个指标只涉及团队游客。

5. 游客满意度

游客满意度选取总体满意程度、实际感受与预期相比的满意程度两个测量指标。

6. 游客抱怨

游客抱怨是顾客对产品或者服务不满意时，减轻认知不平衡的一种行为机制。游客抱怨是游客在购买旅游产品或感受旅游服务的过程中感受到的不满，通常表现为两种形式：非正式抱怨和正式抱怨。大量研究表明，游客抱怨和游客满意度存在负相关关系，游客抱怨的出现意味着游客对旅游产品或旅游服务质量的感知低于预期水平。游客抱怨主要涉及的测量指标有游客是否抱怨、游客是否投诉、游客投诉处理满意程度三个指标。

7. 游客忠诚

游客忠诚是游客对某种旅游产品或旅游服务的忠诚程度。大量研究表明，游客满意度与游客忠诚存在正相关关系。游客满意的情况出现后，方可体现其忠诚度，但是游客满意不一定会直接体现游客忠诚，只有高度的游客满意才能获得游客忠诚。本书研究中，游客忠诚的测量指标主要有未来重游与推荐亲友旅游的可能性、未来选择该旅行社的可能性，其中，未来选择该旅行社的可能性指标只涉及团队游客。

3.3 构建结构方程模型

3.3.1 结构方程模型概述

结构方程模型又称协方差结构模型，或协方差结构方程，是一种建立模型对因果关系进行检验,进而评价理论模型与获取的经验数据是否一致的统计学方法。结构方程模型将因子分析引入路径分析中,并针对因子分析与路径分析的不足进行改进。结构方程模型可以对多个变量之间的因果关系进行分析处理,通过对各个变量间的因果关系进行探索,寻找变量间的因果关系,并对这些关系做量化处理,最后通过因果模式或者路径图表现出来。

在结构方程模型中,由于变量的定义不同,所以它们在模型中的地位也不同。根据这种不同,将模型中的变量分为两类:第一类为观测变量,这种变量是在构建模型时能够直接观测到的变量,也称为显变量。第二类与显变量对应,这种变量的值不能直接被测量,称为隐变量或潜在变量,这类指标需借助对应的显变量来测量。在一个模型中,变量之间都存在着一定的关系,根据研究需要,不需要一一地找出这些变量存在的相互关系。然而,对于结构方程模型,变量之间最主要的关系在于潜在变量是由对应的显变量来测量,而潜在变量当中的一部分是内生潜在变量,这类潜在变量受到其他潜在变量的影响,反之,若不受其他潜在变量的影响,则这类潜在变量称为外生潜在变量。

3.3.2 结构方程模型的应用分类

结构方程模型有三种类型,分别是验证模型、选择模型、产生模型。这种分类标准是依据分析过程进行划分的。从应用的角度来看,所谓"验证性因子分析",是指选择一个最合理、最符合其调查数据的模型进行分析。验证模型是否拟合样本数据是应用结构方程模型分析数据的主要目的,验证完之后决定是接受还是拒绝这个模型。这种分析方法并不是常规方法,不管模型是被接受还是被拒绝,应用者都期望能够找到更趋近数据特征的模型。

在模型选择的分析中,应用者首先要提出几个差异较大的替代模型,测出每个模型对样本数据的拟合度,然后根据优劣情况进行模型的选取。选择模型的分析会逐步演进到产生模型的分析中去。虽然有很多验证模型,但是验证者在得到最合适的模型后,还需要对模型不断修正。最终的模型要符合应用者设置的所有阈值,这个经过不断修正所得到的最终模型就是分析要依据的模型。结构方程模型分析中应用最广泛的是产生模型分析。产生模型分析的最终目的就是寻找一个最好的模型。具体分析过程如下:①模型的提出,应用者提出一个或者多个模型;②拟合样本数据;③修正模型;④拟合修正后的模型;⑤得出最佳模型。应用者一般先预设一个模型,之后拟合样本数据,如果拟合不好,就对模型进行修正,然后再拟合直到找到最佳模型。

3.3.3 结构方程模型的基本原理

结构方程模型的基本原理是利用一定的统计手段对复杂的模型进行处理,根据模型与数据关系的一致性程度，对理论模型做出适当评价，从而证实或者证伪事先假设的理论模型。总体上说，结构方程模型的样本容量应大于 200，少于 200 的样本容量会导致评价结果的不可靠。结构方程模型由测量模型和结构模型组成。测量模型表示各个指标与潜在变量之间的关系，结构模型表示潜在变量之间的关系。测量模型描述了潜在变量和指标之间的假设关系，结构模型描述了潜在变量之间的假设关系。

1. 测量模型

测量模型的形式通常为式（3-1）、式（3-2）：

$$y = \Lambda_y \eta + \varepsilon \tag{3-1}$$

$$x = \Lambda_x \xi + \delta \tag{3-2}$$

假设 η 为内生潜在变量、ξ 为外生潜在变量，则式（3-1）为内生变量方程，式（3-2）为外生变量方程。式（3-1）和式（3-2）中，y 为内生观测变量；x 为外生观测变量；Λ_y 与 Λ_x 分别为 y 对 η 和 x 对 ξ 的系数矩阵，分别反映着 y 对 η 和 x 对 ξ 关系的强弱，可以将其看成是相关系数；ε 和 δ 则分别为 y 与 x 的测量误差。

2. 结构模型

结构模型的形式通常为式（3-3）：

$$\eta = B\eta + \Gamma\xi + \zeta \tag{3-3}$$

式中，B 为结构系数矩阵，表示内生潜在变量间的关系；等号左边的 η 为内生潜在变量；等号右边的 η 为外生潜在变量；Γ 为外生潜在变量 ξ 对内生潜在变量 η 的回归系数矩阵；ζ 为结构模型的残差矩阵，即外生潜在变量对内生潜在变量的解释变异。

3.3.4 结构方程模型的优点

结构方程模型具有很多优点，它充分考虑了可观测变量与潜在变量以及潜在变量之间的因果关系。与多元分析法、因子分析法、探索性因子分析法、主成分分析法相比较而言，其具有更好的分析路径，能够分析出影响广西游客满意度的主要因素，并可以对相关因素排序，从而为提出具有针对性的策略建议提供理论依据。

3.3.5 模型的构建

1. 广西游客满意度结构方程模型框架

结构方程模型基于变量的协方差矩阵来分析变量之间的关系，即协方差结构模型运用结构方程 AMOS 软件分析广西游客满意度影响因素的结构关系、直接变量与潜在变量的关系、变量因素对旅游决策行为的贡献以及各潜在变量之间的内部结构，具体步骤如图 3-1 所示。

2. 广西游客满意度理论模型的建立

在借鉴前人研究成果的基础上，结合广西旅游发展的实际情况，构建了包含 7 个潜在变量和 28 个可观测变量的广西设区市游客满意度理论模型，以及包含 7 个潜在变量（图 3-2）和 29 个可观测变量的广西特色旅游名县（含创建县）和全域旅游示范区（含创建县）游客满意度理论模型（图 3-3）。

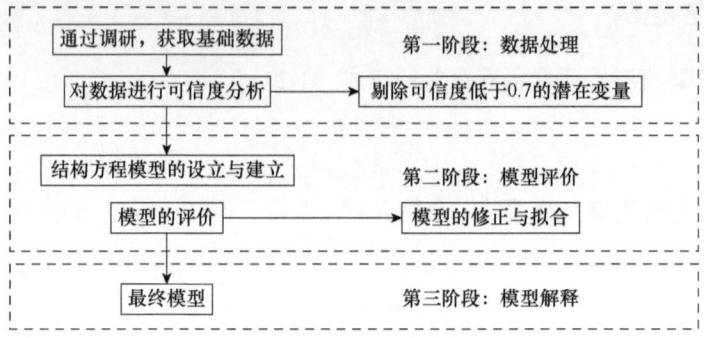

图 3-1 结构方程模型的处理与数据分析过程

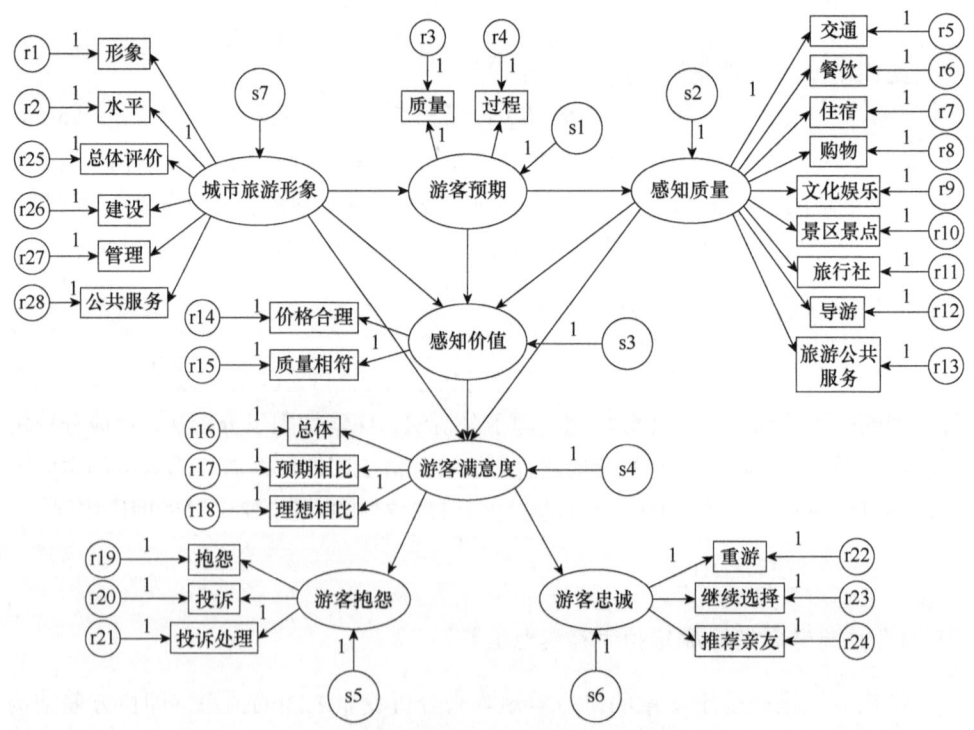

图 3-2 广西设区市游客满意度理论模型结构

城市旅游形象、游客预期、感知价值、感知质量、游客满意度、游客忠诚、游客抱怨为潜在变量；其余变量为可观测变量

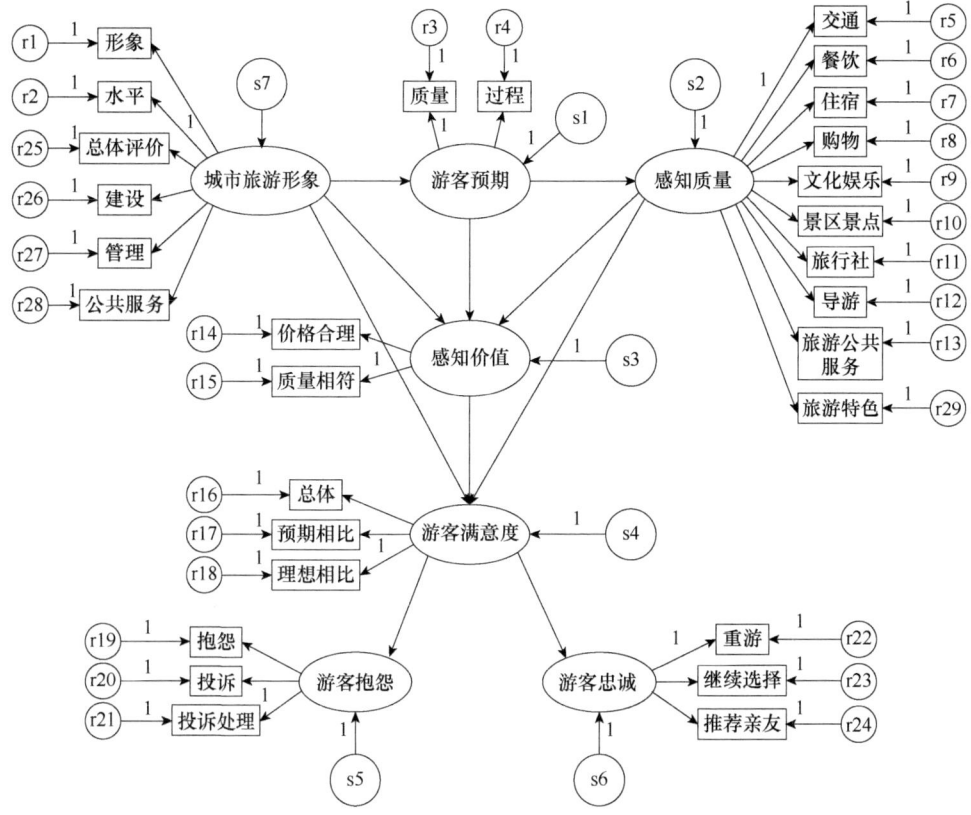

图 3-3 广西特色旅游名县（含创建县）和全域旅游示范区（含创建县）
游客满意度理论模型结构

对结构方程中的潜在变量赋予相应的可观测变量，采用利克特五级量表设计调研问卷，通过 AMOS 软件对回收的有效问卷进行数据分析和模型检验修正。

3. 数据分析

根据上述游客满意度指数的计算原理，本书研究参考全国 60 个旅游城市游客满意度指数测算所采用的结构方程模型，在 AMOS l7.0 软件中构建广西设区市和特色旅游名县（含创建县）和全域旅游示范区（含创建县）游客满意度指数测算的结构方程模型，采用最大似然（maximum likelihood，ML）法进行模型参数估计，分别得出设区市的团队和散客，以及特色旅游名县（含创建县）和全域旅游示范区（含创建县）的团队和散客游客满意度指数结构方程模型分析结果。

第 4 章　2016 年广西游客满意度调查

4.1 第一季度游客满意度调查

4.1.1 总体情况

2016 年第一季度广西 14 个设区市的游客满意度指数平均值为 79.93，23 个特色旅游名县（含创建县）（简称特色县）的游客满意度指数平均值为 80.70，设区市游客满意度指数平均值略低于"满意"的临界水平，特色县的游客满意度指数平均值略高于"满意"的临界水平。与上季度（指 2015 年第四季度，下同）相比，设区市游客满意度指数上升了 0.08，上升幅度为 0.1%；特色县游客满意度指数上升了 0.47，上升幅度为 0.59%。

调查显示，本季度广西 14 个设区市和 23 个特色县的游客满意度指数与上季度相比略有提高，但具体到主要评价指标出现明显分化现象；投诉满意度指数上升明显；而问卷满意度指数和舆情满意度指数均出现小幅下滑现象。总体而言，本季度全区游客满意度指数整体水平仍然不高，尚有较大的提升空间。

4.1.2 基本分析

1. 设区市游客满意度总体处于"基本满意"水平，接近六成的设区市游客满意度达到"满意"水平

本季度，14 个设区市的游客满意度指数平均值为 79.93，处于"基本满意"水平。其中，南宁、百色、柳州、防城港、桂林、梧州、来宾和北海 8 个设区市的游客满意度指数达到或超过 80.00，处于"满意"水平。游客满意度指数处于"满意"水平的设区市比上季度增加 2 个，占设区市总数的 57.14%，比上季度提高了 14.29 个百分点。与上季度相比，本季度设区市游客满意度指数平均值提高了 0.08，游客满意度指数达到 80.00 以上的个数由 6 个增加到 8 个。游客满意度指数平均值和处于"满意"水平的城市数量连续两个季度保持上升趋势，这说明经过一段时间的整改后，广西设区市游客满意度水平不断提高。

2. 特色县游客满意度处于"满意"临界水平，但两极分化明显

本季度，23 个特色县游客满意度指数平均值为 80.70，比上季度提高了 0.47，

总体上处于"满意"临界水平，其中有 13 个特色县的游客满意度指数达到或超过 80.00，处于"满意"水平；处于"满意"水平的特色县数量比上季度减少 1 个，比例为 56.52%，比上季度下降了 4.35 个百分点。游客满意度指数和处于"满意"水平的特色县数量连续两个季度分别呈上升和减少态势，表明游客对广西特色县的满意度呈提高趋势，但对特色县的评价两极分化明显。

3. 特色县和设区市游客满意度指数差距有所拉大，但处于"满意"水平的设区市和特色县比例更接近

本季度，全区 23 个特色县和 14 个设区市游客满意度指数平均值相差 0.77，较上季度的 0.38 有所加大，但处于"满意"水平的特色县的比例与处于"满意"水平的设区市的比例只相差 0.62 个百分点，而上季度两者相差了 18.01 个百分点。这一比较数据表明，本季度广西特色县游客满意度指数仍略高于设区市，但处于"满意"水平的设区市比例首次超过特色县比例，且两者的比例很接近。

4. 设区市和特色县游客满意度指数的最低值上升，首尾差距缩小

本季度，14 个设区市游客满意度指数最高的南宁为 82.27，最低的贵港为 75.70，两者相差 6.57。而上季度设区市游客满意度指数最高的柳州为 83.94，最低的崇左为 73.37，两者相差 10.57。本季度 23 个特色县游客满意度指数最高的金秀为 84.30，最低的乐业为 76.13，两者相差 8.17；而上季度游客满意度指数最高的三江为 83.88，最低的钦南为 74.55，两者相差 9.33。这表明，设区市和特色县游客满意度的最低值都有不同程度的提升，最高值和最低值的差距在缩小，也表明设区市和特色县游客满意度水平整体处于提升状态。

5. 投诉满意度指数提高明显

本季度，14 个设区市的投诉满意度指数平均值为 87.56，上季度为 83.58；23 个特色县投诉满意度指数平均值为 88.22，上季度为 83.91。与上季度相比，设区市上升了 3.98，上升幅度为 4.76%；特色县上升了 4.31，上升幅度为 5.14%。这说明各地在降低旅游投诉案件及狠抓投诉处理方面取得了明显成效。

4.1.3 主要问题

调查结果显示，本季度广西游客满意度方面仍然存在着问卷满意度指数和舆情满意度指数下降、特色县间不均衡程度扩大、基础设施建设比较薄弱、特色县之间游客满意度差异变大等问题。

1. 问卷满意度指数和舆情满意度指数均有不同程度的下降

本季度，14个设区市的问卷满意度指数平均值为72.79，23个特色县问卷满意度指数平均值为73.98。与上季度相比，设区市问卷满意度指数平均值下降了0.78，下降幅度为1.06%；特色县问卷满意度指数平均值下降了0.63，下降幅度为0.84%。本季度14个设区市的舆情满意度指数平均值为93.71，23个特色县的舆情满意度指数平均值为93.37。与上季度相比，设区市舆情满意度指数平均值下降了1.25，下降幅度为1.32%；特色县舆情满意度指数平均值下降了0.06，下降幅度为0.06%。

问卷满意度、舆情满意度和投诉满意度是游客满意度的三个构成部分。本季度问卷满意度指数和舆情满意度指数两项指标平均值下降，可能与本季度为旅游淡季有一定关系，使得投诉满意度指数平均值尽管有明显提升，但游客满意度指数平均值提升不明显。

2. 问卷满意度分项指标在设区市间的不均衡程度缩小，特色县间的不均衡程度扩大

本季度，14个设区市总体评价、城市建设和管理、公共行业服务和旅游窗口服务最高值和最低值分别相差1.09、1.19、1.23和1.25，上季度这四项指标分别为1.29、1.27、1.65、1.36；23个特色县总体评价、城市建设和管理、公共行业服务和旅游窗口服务最高值和最低值分别相差1.59、1.52、1.86和1.24，上季度这四项指标分别为0.95、1.08、0.82、0.85。与上季度相比，设区市间问卷满意度分项指标不均衡程度缩小，而特色县间问卷满意度分项指标不均衡程度扩大，不均衡问题突出。

3. 无论是设区市还是特色县，本季度基础设施建设比较薄弱的问题仍然很突出

本季度，14个设区市和23个特色县总体评价、城市建设和管理、公共行业服务和旅游窗口服务分项指标中，基础设施建设比较薄弱的问题仍然很突出。例如，设区市城市规划与建筑、公共设施、公共厕所、出租车和无障碍设施5项指标，以及特色县城市规划与建筑、公共设施、公共厕所、出租车、城市公交、机场（车站、码头）和无障碍设施7项指标的平均值均低于7.00。这说明各县（区、市）要提高游客满意度，就需要加强城市基础设施建设，完善公共行业服务。

4. 特色县的游客满意度有所上升，但远未达到"满意"水平，且各特色县差距拉大

本季度，23个特色县的特色旅游游客满意度平均值为7.42，较上季度的7.15

提高了 0.27；游客满意度排第 1 名的金秀该项指标平均值为 8.11，排第 23 名的桂平该项指标平均值为 6.67，两者相差 1.44。而上季度特色旅游游客满意度的最高值和最低值相差 0.92，该项指标县域间差异增加了 0.52。因此，从总体来看，特色县特色旅游游客满意度有所上升，但各特色县的差距拉大，而且总体处于"基本满意"水平，距"满意"水平仍有较大距离。

4.2 第二季度游客满意度调查

4.2.1 总体情况

2016 年第二季度广西 14 个设区市的游客满意度指数平均值为 80.10，23 个特色县的游客满意度指数平均值为 80.65，设区市和特色县的游客满意度指数平均值均高于 80.00 的"满意"临界水平。与上季度相比，设区市游客满意度指数上升了 0.17，上升幅度为 0.2%；特色县游客满意度指数下降了 0.05，下降幅度为 0.06%。

调查显示，与上季度相比，本季度广西 14 个设区市游客满意度指数保持了自 2015 年第三季度以来的增长势头，而 23 个特色县的游客满意度指数与第一季度相比出现略微下滑。与上季度相比，设区市和特色县的问卷满意度指数均有所提升。投诉满意度指数下降明显，舆情满意度指数和投诉满意度指数平均值与上季度相比有所下降。总体而言，自游客满意度调研项目实施以来，设区市和特色县的游客满意度指数同时达到"满意"水平，但整体水平仍然不高，能否长期保持还有待观察。

4.2.2 基本分析

1. 设区市的游客满意度总体处于"满意"状态，设区市游客满意度达到"满意"水平的城市数量减少

本季度，广西 14 个设区市的游客满意度指数平均值为 80.10，处于"满意"水平，与上季度相比，设区市游客满意度指数平均值提高了 0.17。其中，柳州、贺州、南宁、来宾、百色、桂林 6 个设区市的游客满意度指数超过 80.00，达到"满意"水平，游客满意度指数达到"满意"水平的设区市比上季度减少 2 个；达到"满意"水平的设区市占 14 个设区市总数的 42.86%，达到"满意"水平的设区市所占比例比上季度降低了 14.28 个百分点。游客满意度指数平均值上升，但达到 80.00 以上的城市数量减少，说明广西设区市游客满意度稳定性有待加强。

2. 特色县的游客满意度处于"满意"临界水平，游客满意度达到"满意"水平的特色县数量增加

本季度 23 个特色县的游客满意度指数平均值为 80.65，比上季度降低了 0.05，总体上处于"满意"水平。有 17 个特色县的游客满意度指数达到或超过 80.00，达到"满意"水平，游客满意度指数达到"满意"水平的特色县数量比上季度增加了 4 个；达到"满意"水平的特色县占 23 个特色县的 73.91%，达到"满意"水平的特色县所占比例比上季度提高了 17.39 个百分点。游客满意度指数平均值略微下降，但达到"满意"水平的特色县数量明显上升。

3. 设区市和特色县的游客满意度指数的最低值上升，首尾差距缩小

本季度，广西 14 个设区市游客满意度指数最高的柳州为 83.23，最低的贵港为 76.84，最高值和最低值差距为 6.39；23 个特色县游客满意度指数最高的三江为 82.51，最低的桂平为 77.17，最高值和最低值差距为 5.34。与上季度相比，设区市和特色县游客满意度的最低值都有不同程度的提升，游客满意度指数最高的城市与游客满意度指数最低的城市之间的差距明显缩小，这说明设区市和特色县的游客满意度水平处于整体提升的阶段。

4. 问卷满意度指数明显提升

本季度，14 个设区市的问卷满意度指数平均值为 74.12，23 个特色县问卷满意度指数平均值为 73.84。与上季度相比，设区市问卷满意度指数平均值上升了 1.33，提升幅度为 1.83；特色县平均值上升了 0.14，提升幅度为 0.2%。

5. 问卷满意度的大部分分项指标明显提升

本季度 14 个设区市总体评价、城市建设和管理、公共行业服务和旅游窗口服务分项指标的平均值分别为 7.43、7.17、7.27、7.25；23 个特色县总体评价、城市建设和管理、公共行业服务分项指标的平均值分别为 7.52、7.26、7.14。而上季度 14 个设区市的总体评价、城市建设和管理、公共行业服务和旅游窗口服务分项指标的平均值分别为 7.32、7.11、7.21、7.19；23 个特色县的总体评价、城市建设和管理、公共行业服务分项指标的平均值分别为 7.44、7.24、7.13。从各分项指标平均值来看，大部分指标平均值有所上升。

6. 部分设区市和特色县的游客满意度水平明显提升

本季度，部分设区市和特色县的游客满意度水平明显提升。以游客满意度为

例，贺州从上季度的 79.86 提升到 82.31，排名从上季度的第 9 名跃升到第 2 名；柳州从上季度的 81.46 提升到 83.23，排名从上季度的第 3 名跃升到第 1 名；融水从上季度的 77.87 提升到 82.05，排名从上季度的第 19 名跃升到第 6 名；乐业从上季度的 76.13 提升到 81.27，排名从上季度的第 23 名跃升到第 10 名；龙州从上季度的 76.95 提升到 80.39，排名从上季度的第 22 名跃升到第 14 名。

4.2.3 主要问题

调查结果显示，本季度广西游客满意度方面存在舆情满意度指数和投诉满意度指数下降、基础设施建设相对薄弱问题仍很突出、特色县游客满意度有所下降且县域间差距继续扩大。

1. 舆情满意度指数和投诉满意度指数下降

本季度，14 个设区市的舆情满意度指数平均值为 91.65，23 个特色县舆情满意度指数平均值为 92.80，与上季度相比，设区市舆情满意度指数平均值下降 2.06，下降幅度为 2.20%；特色县舆情满意度指数平均值下降 0.57，下降幅度为 0.61%。14 个设区市的投诉满意度指数平均值为 87.35，23 个特色县投诉满意度指数平均值为 88.10，与上季度相比，设区市投诉满意度指数平均值下降 0.21，下降幅度为 0.24%；特色县平均值下降 0.12，下降幅度为 0.14%。

舆情满意度和投诉满意度是游客满意度的构成部分，本季度舆情满意度指数和投诉满意度指数平均值均下降，使得尽管本季度问卷满意度指数平均值有明显提升，但设区市游客满意度指数平均值提升不明显，特色县游客满意度指数平均值还出现了下滑。

2. 基础设施建设相对薄弱问题仍很突出

本季度，14 个设区市和 23 个特色县的总体评价、城市建设和管理、公共行业服务和旅游窗口服务分项指标中，基础设施建设相对薄弱问题仍很突出。设区市的公共设施、公共厕所和无障碍设施这三项指标的平均值均低于 7.00；特色县的城市规划与建筑、公共设施、出租车、城市公交和无障碍设施这 5 个指标的平均值均低于 7.00。基础设施建设滞后，说明需要在以后的工作中有针对性地加强城市建设和管理，提高公共行业服务水平和旅游窗口服务质量。

3. 特色县的游客满意度有所下降，县域间差距继续扩大

本季度，23 个特色县的游客满意度平均值为 7.29，较上季度的 7.42 降低了 0.13。游客满意度排第 1 名的三江该项指标的平均值为 8.07，排第 23 名的桂平该项指标

的平均值为 6.37，两者相差了 1.70，而上季度该项差距为 1.44，县域间差异扩大了 0.26。本季度，特色旅游游客满意度高于 8.00 的只有三江，比上一季度减少了 1 个，低于 7.00 的有 5 个，数量与上季度持平。因此，从总体来看，特色县特色旅游游客满意度距总体"满意"水平仍有较大距离。

4.3 第三季度游客满意度调查

4.3.1 总体情况

2016 年第三季度广西 14 个设区市的游客满意度指数平均值为 80.84，23 个特色县的游客满意度指数平均值为 81.07，设区市和特色县的游客满意度指数平均值均高于 80.00，总体处于"满意"水平。与上季度相比，设区市游客满意度指数平均值上升了 0.74，上升幅度为 0.92%；特色县的游客满意度指数平均值上升了 0.42，上升幅度为 0.52%。

调查结果显示，与 2016 年第一、第二季度相比，本季度广西 14 个设区市游客满意度指数呈增长势头，游客满意度指数平均值由第一季度的 79.93，上升到第二季度的 80.10，再上升到本季度的 80.84。而 23 个特色县的游客满意度指数平均值与第一季度的 80.70 相比提高了 0.37，与第二季度的 80.65 相比，提高了 0.42。与上季度相比，设区市和特色县的问卷满意度指数均有所提升，投诉满意度指数均略有下降，而舆情满意度指数设区市略有提升、特色县略有下降。总体而言，设区市和特色县的游客满意度指数均达到"满意"水平，但整体水平仍然不高，无论是设区市还是特色县，游客满意度水平还有很大的提升空间。

4.3.2 基本分析

1. 设区市的游客满意度保持在"满意"水平，达到"满意"水平的城市数量增加

本季度，全区 14 个设区市的游客满意度指数平均值为 80.84，处于"满意"水平，与上季度相比提高了 0.74。其中，梧州、南宁、桂林、河池、柳州、来宾、百色、贺州、北海 9 个设区市的游客满意度指数超过 80.00，达到"满意"水平，游客满意度指数达到"满意"水平的设区市比第二季度增多了 3 个，比第一季度增多了 1 个；达到"满意"水平的设区市占 14 个设区市总数的 64.28%，比上季度上升了 21.43 个百分点。游客满意度指数的平均值上升，达到"满意"水平的城市数量增加，说明广西设区市游客满意度得到提升。

2. 特色县的游客满意度水平整体提升，达到"满意"水平的特色县数量增加

本季度 23 个特色县的游客满意度指数平均值为 81.07，与上季度相比提高了 0.42，总体上处于"满意"水平。游客满意度指数达到或超过 80.00 的特色县有 18 个，比上季度增加了 1 个。本季度达到"满意"水平的特色县占 23 个特色县的 78.26%，比上季度的 73.91%提高了 4.35 个百分点。游客满意度指数平均值提高，达"满意"水平的特色县数量增加，表明各特色县的游客满意度水平有所提升。

3. 设区市和特色县的游客满意度指数最低值上升，设区市间差距缩小，特色县间差距加大

本季度，广西 14 个设区市游客满意度指数最高的梧州为 83.44，最低的贵港为 77.07，最低值比上季度提升了 0.23，最高值和最低值之差为 6.37，比上季度缩小了 0.02；23 个特色县的游客满意度指数最高的金秀为 84.56，最低的乐业为 78.14，最低值比上季度提升了 0.97，最高值和最低值之差达 6.42，差值比上季度增大了 1.08。与上季度比较，设区市和特色县的游客满意度指数的最低值都有不同程度的提升，这说明设区市和特色县的游客满意度水平均处于提升阶段。但特色县之间游客满意度指数差距加大，说明各特色县游客满意度的提升程度高低不一。

4. 一些设区市和特色县的游客满意度水平明显提升，游客满意度排名在不断变化

本季度，一些设区市和特色县的游客满意度水平明显提升。从 2016 年的前三个季度来看，所调查的设区市和特色县的游客满意度排名在不断变化，基本没有固定位置。以梧州为例，其游客满意度排名从第一季度的第 6 名，下降到第二季度的第 10 名，再上升到本季度的第 1 名，可以说"反复无常"；柳州从第一季度的第 3 名，上升到第二季度的第 1 名，再下降到本季度的第 5 名，也在不断变化中。又如，特色县中的龙州，其游客满意度排名从第一季度的第 22 名提升到第二季度的第 14 名，再下降到本季度的第 16 名，也是变化不定。

5. 投诉满意度指数各季度变化相对较小，而问卷满意度指数和舆情满意度指数各季度变化相对较大

以设区市为例，2016 年第一、第二、第三季度的投诉满意度指数平均值分别为 87.56、87.35、86.40，各季度间最大差距为 1.16，而第一、第二、第三季度的

问卷满意度指数平均值分别为72.79、74.12、75.32，各季度间的最大差距达2.53，舆情满意度指数平均值分别为93.71、91.65、91.85，各季度间最大差距达2.06，各季度变化相对较大。这说明，投诉满意度指数随季度变化相对较小，而问卷满意度指数和舆情满意度指数随季度变化相对较大。

4.3.3 主要问题

从本季度调查结果来看，广西游客满意度还存在整体水平不高、游客满意度水平能稳定提升的地区少、一些地区的游客满意度水平提升较慢、基础设施建设薄弱影响游客满意度的提升等问题。

1. 所调查的设区市和特色县的游客满意度整体水平仍然不高

本季度，14个设区市和23个特色县的游客满意度指数平均值分别为80.84和81.07，均处于"满意"水平的下限；14个设区市的最高值为83.44，23个特色县的最高值为84.56，均未达到"满意"水平的中间水平（85.00），这说明广西游客满意度整体水平仍然不高，还有很大的提升空间。

2. 所调查的设区市和特色县的游客满意度水平能稳定提升的少

从2016年第一、第二、第三季度调查结果来看，所调查的设区市和特色县的游客满意度水平能稳定提升的少，多数地区变化不定。例如，南宁第一季度游客满意度指数为82.27，排名为第1名，第二季度下降到82.03，排名为第3名；百色第一季度游客满意度指数为81.85，排名为第2名，第二季度下降到80.91，排名为第5名，第三季度虽然上升到81.24，但在设区市中降到了第7名。各特色县也存在同样的问题。

3. 一些设区市和特色县的游客满意度水平提升较慢

调查结果显示，一些设区市和特色县的游客满意度长期保持在较低水平。例如，贵港2016年第一、第二、第三季度游客满意度指数分别为75.70、76.84和77.07，虽然各季度游客满意度指数有所提升，但提升较慢；而崇左2016年第一、第二、第三季度游客满意度指数分别为76.65、78.85和78.06，在78.00上下徘徊。一些特色县也存在同样的情况，这需要引起有关部门的重视。

4. 基础设施建设薄弱会影响游客满意度的提升

本季度，14个设区市的城市建设和管理、公共行业服务分项指标的平均值分别为7.35和7.48，23个特色县的城市建设和管理、公共行业服务分项指标的平均值分别为 7.41 和 7.20。它们均未达到"满意"水平的临界值 8.00，而且与第二季度相比，它们提高的均不多。因此，无论是设区市还是特色县，基础设施建设薄弱问题仍然是影响游客满意度提升的主要因素。

4.4 第四季度游客满意度调查

4.4.1 总体情况

2016 年第四季度全区 14 个设区市的游客满意度指数平均值为 81.05，23 个特色县游客满意度指数平均值为 82.40。设区市和特色县的游客满意度指数平均值均高于 80.00，但总体仍停留在"满意"水平的下限。无论是设区市还是特色县，游客满意度水平还有很大的提升空间。

调查结果显示，与 2016 年第三季度相比较，本季度 14 个设区市游客满意度指数继续呈增长态势，游客满意度指数平均值由第三季度的 80.84 上升到第四季度的 81.05，上升了 0.21，上升幅度为 0.26%；而本季度 23 个特色县的游客满意度指数平均值为 82.40，与第三季度的 81.07 相比上升了 1.33，上升幅度为 1.64%。与上季度相比，设区市和特色县的游客满意度指数均有所提高。

1. 各设区市四个季度满意度指数变化趋势

由图 4-1 可以看出，除钦州、贵港的第一季度外，各设区市各季度问卷满意度处于"基本满意"水平之上。大部分设区市第一至第四季度问卷满意度指数均有不同程度的提升。南宁、桂林、河池、来宾等四个季度问卷满意度指数波动不大，基本上处于稳中有升的趋势。柳州、钦州、贵港、崇左等市第一季度问卷满意度指数相对于其他三个季度偏低，但其他三个季度波动不大。

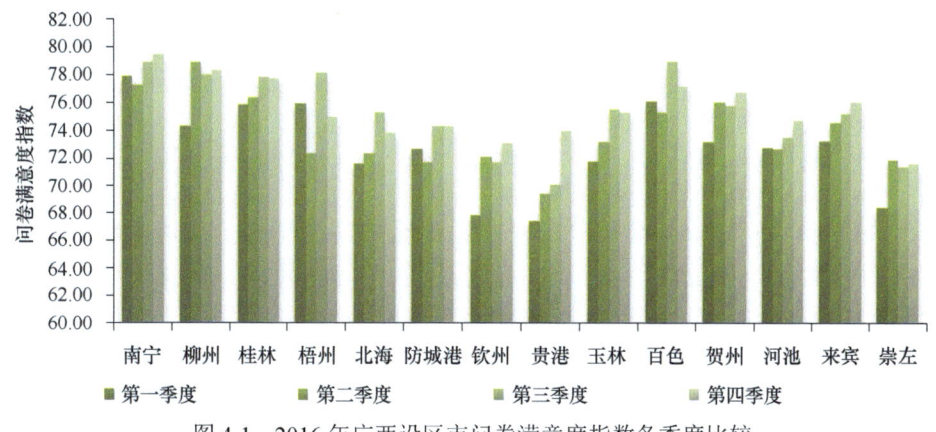

图 4-1 2016 年广西设区市问卷满意度指数各季度比较

由图 4-2 可以看出，2016 年各季度的舆情满意度指数除防城港、玉林、百色地区的极个别季度低于 90.00 外，均处于"非常满意"水平。而且即使有稍微低一点的指标，但也都在 88.00～90.00，说明 2016 年舆情满意度总体处于"非常满意"水平。

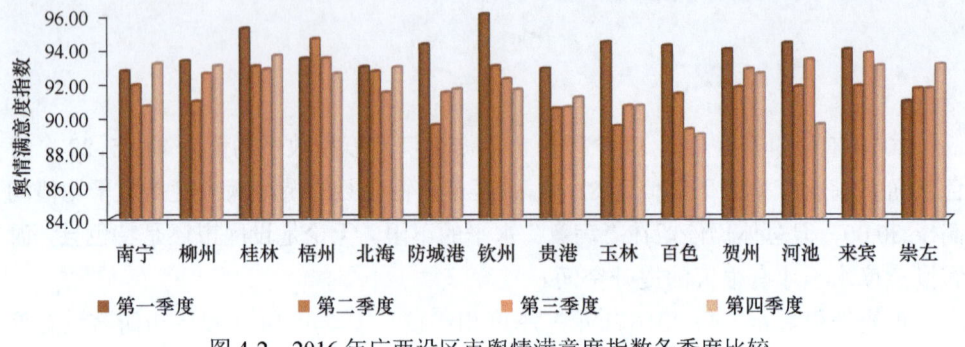

图 4-2 2016 年广西设区市舆情满意度指数各季度比较

由图 4-3 可以看出，2016 年各设区市各季度投诉满意度指数相对于问卷满意度指数与舆情满意度指数而言，波动性小很多，均处于"满意"水平之上，亦有少数几个城市，如河池、贺州、北海、防城港等在个别季度也超过 90.00，达到"非常满意"水平。

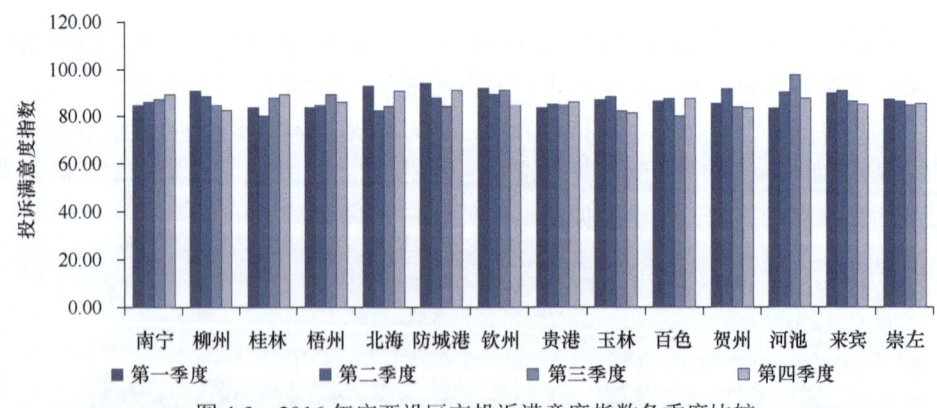

图 4-3 2016 年广西设区市投诉满意度指数各季度比较

由图 4-4 可以看出，各设区市各季度游客满意度指数差异相对明显。南宁、柳州、桂林、梧州、北海、防城港、百色、贺州、河池、来宾处于"满意"水平之上，桂林第三季度和第四季度指数相对于前两个季度提高不少。梧州、河池第三季度比其他三个季度高出较多。贵港第四季度比前三个季度提高较多。

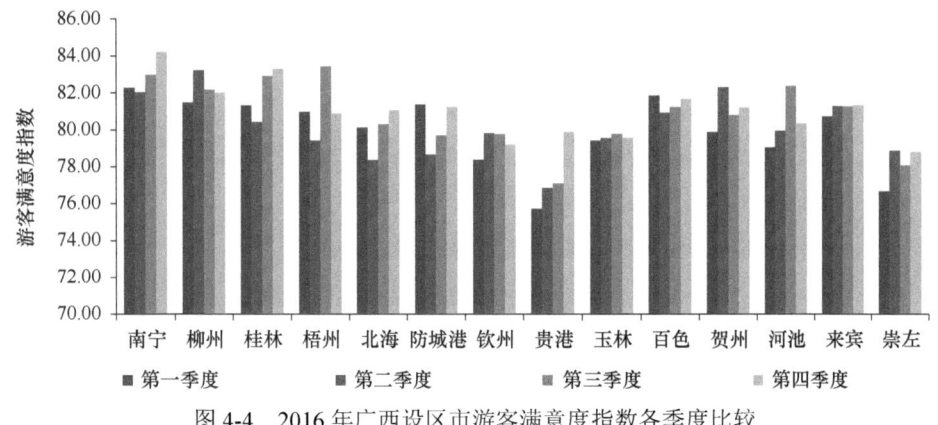

图 4-4　2016 年广西设区市游客满意度指数各季度比较

2. 各特色县四个季度满意度指数变化趋势

图 4-5 表明，因第一季度处于旅游淡季，出现少数城市，如融水、桂平、乐业、龙州的问卷满意度指数不足 70.00，处于"不满意"水平；但第二至第四季度提升较多，各特色县问卷满意度处于"基本满意"水平。由图 4-5 中也可以看出，各特色县各季度问卷满意度指数变化差异较大。凭祥、金秀、三江、龙胜、荔浦五个特色县表现最好，各季度满意度指数均超过 75.00。

图 4-6 表明，23 个特色县舆情满意度指数非常高，绝大多数特色县的舆情满意度指数已经处于"非常满意"水平。只有少数几个特色县，如融水、靖西、凭祥第四季度舆情满意度指数处于"满意"水平，还有容县、宜州的第三季度处于"满意"水平。通过图 4-6 也可以看出，各个特色县第一季度的舆情满意度指数基本态势呈现"一枝独秀"的现象，要明显高于其他三个季度。另外，图 4-6 也显示，虽然各特色县舆情满意度指数均比较高，但相互之间也有一定差异性。

图 4-7 表明，各特色县各季度投诉满意度指数基本上差异不是特别大，相对均衡，大部分指数分布在 80.00～90.00。融水、龙胜、靖西、乐业、宜州、金秀、大新、龙州、凭祥等特色县在不同单季，尤其是第四季度，显示出高于平均趋势面的指数值，但并无特殊规律可循。

图 4-8 表明，各特色县各季度游客满意度指数变化较大，第一、第四季度普遍高于第二、第三季度，并且处于"满意"水平。龙胜、荔浦、金秀、凭祥表现突出，处于领先地位，游客满意度指数超过 84.00。

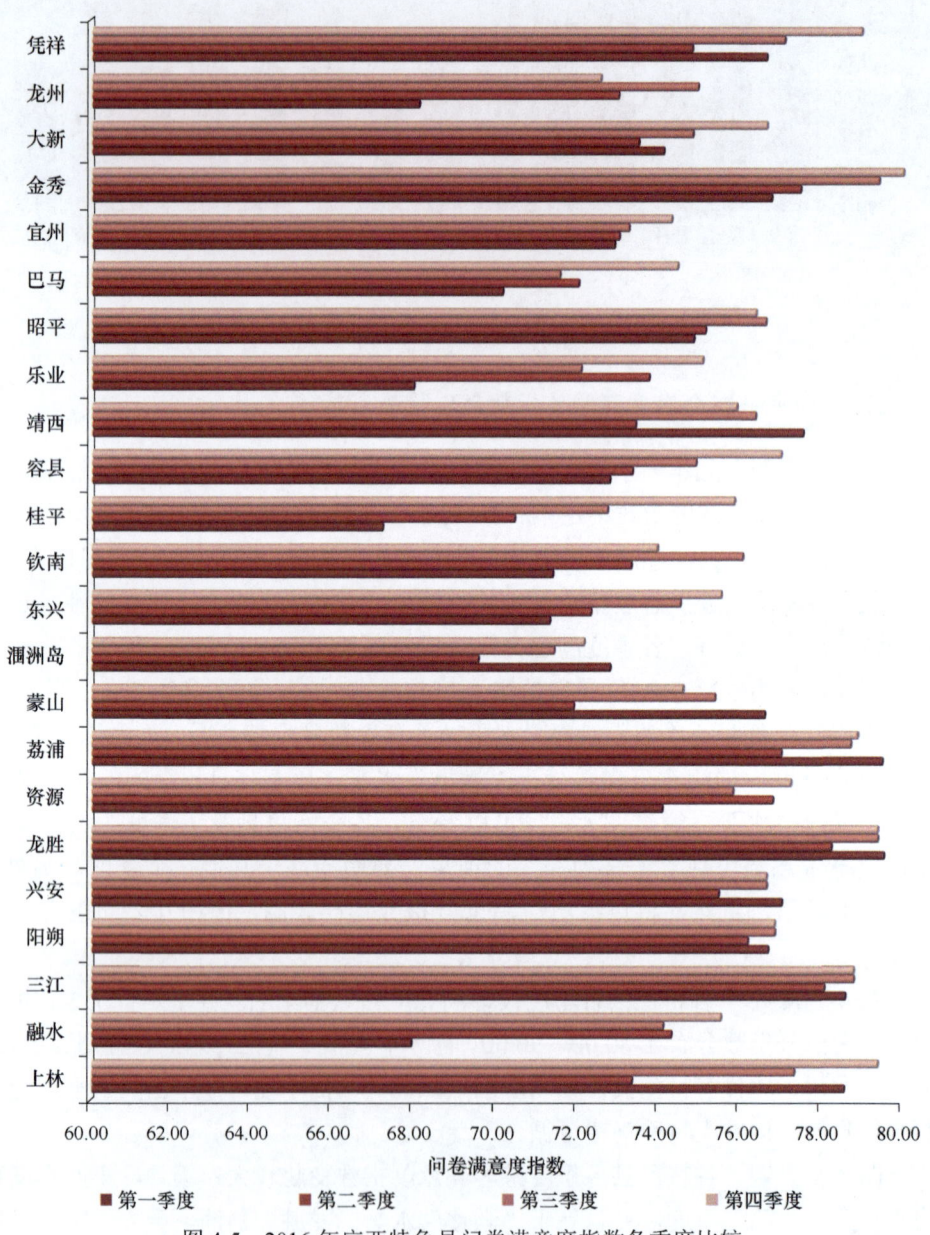

图 4-5　2016 年广西特色县问卷满意度指数各季度比较

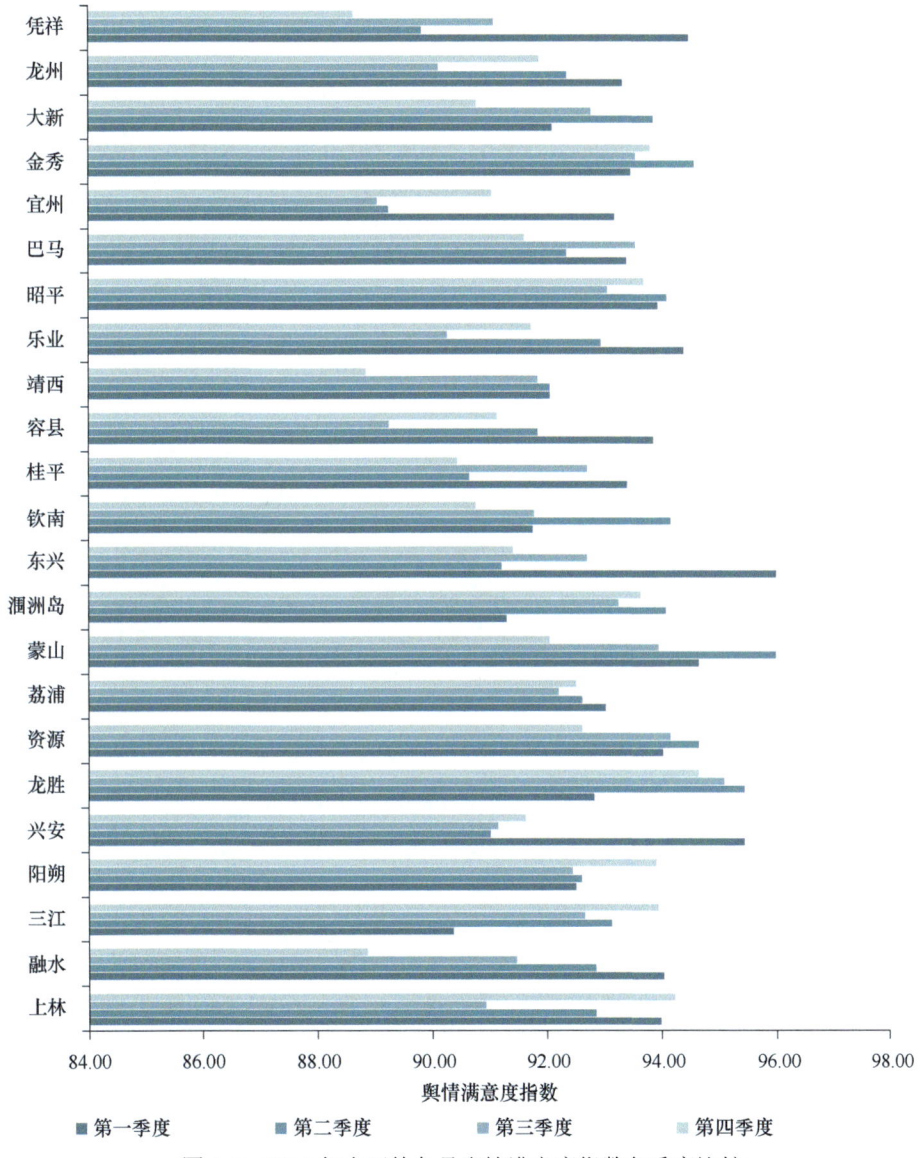

图 4-6　2016 年广西特色县舆情满意度指数各季度比较

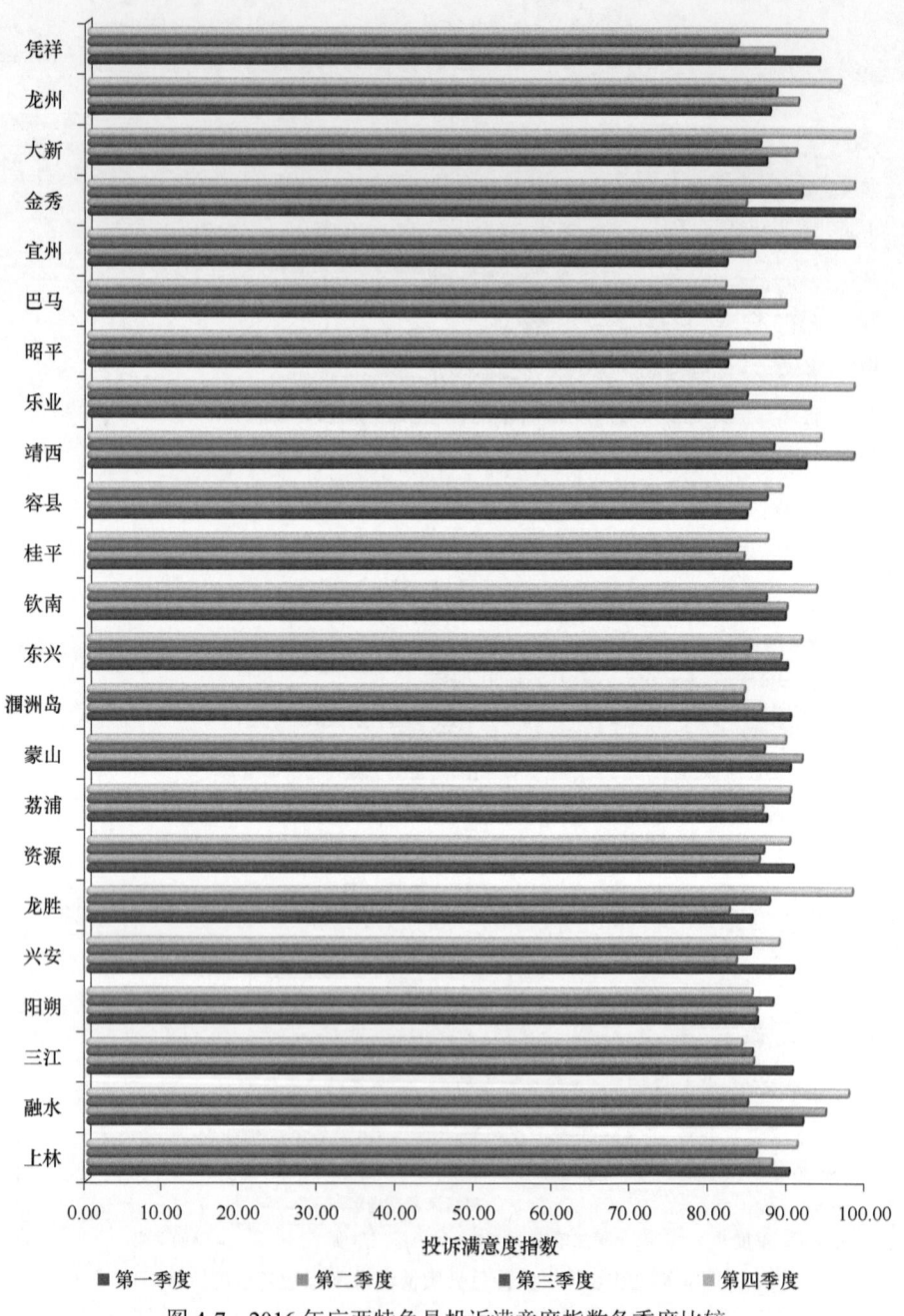

图 4-7　2016 年广西特色县投诉满意度指数各季度比较

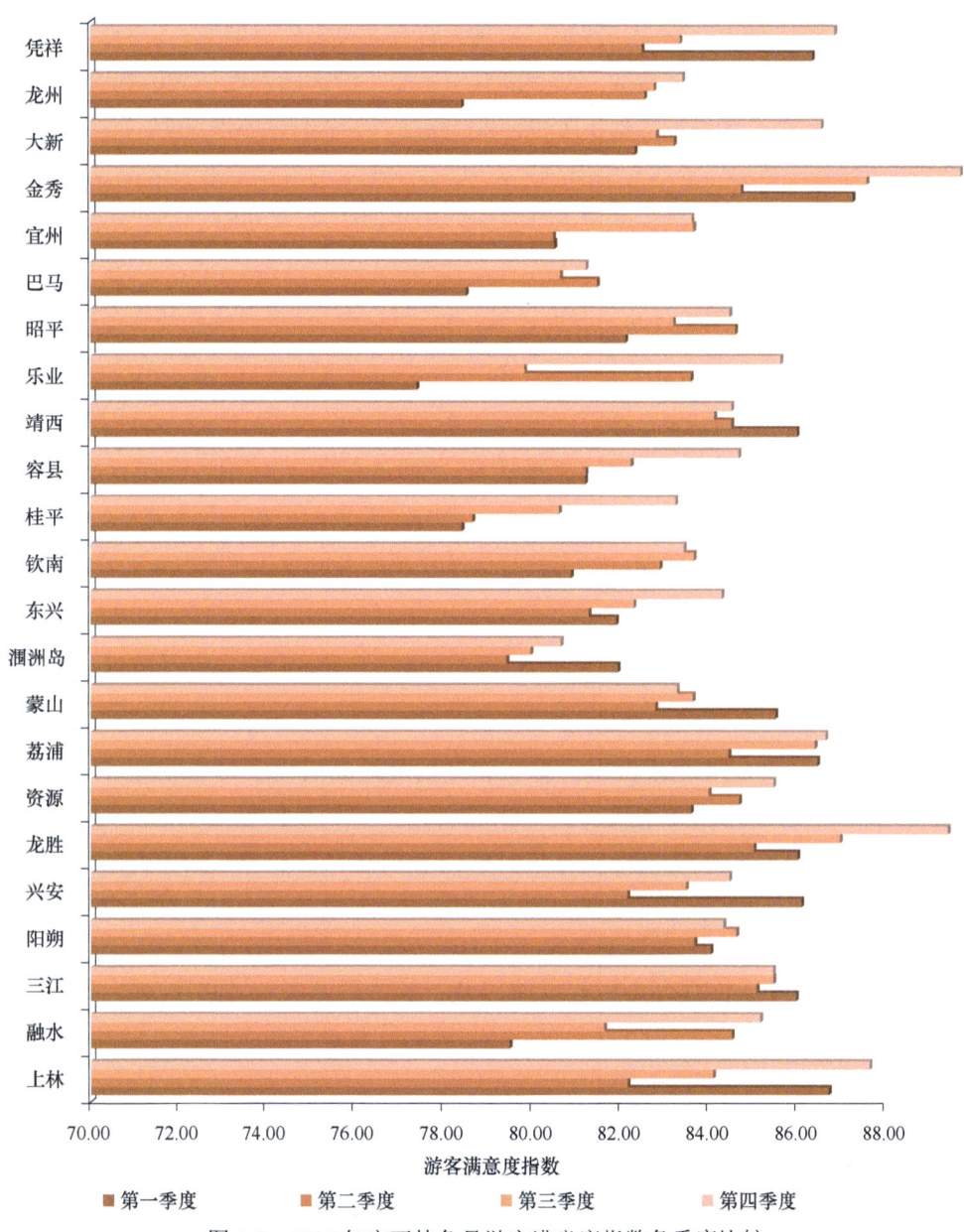

图 4-8 2016 年广西特色县游客满意度指数各季度比较

4.4.2 基本分析

1. 设区市游客满意度水平在提高，达"满意"水平的城市数量增加

本季度，全区 14 个设区市游客满意度指数平均值为 81.05，仍然处于"满意

水平"的下限。其中,南宁、桂林、柳州、百色、来宾、防城港、贺州、北海、梧州和河池的游客满意度指数达到"满意"水平,游客满意度指数达到"满意"水平的设区市比第三季度增加了1个,达"满意"水平的设区市占14个设区市总数的71.43%,这个数字与上季度相比上升了7.14个百分点。游客满意度指数平均值上升,达"满意"水平的城市数量增加,说明广西设区市游客满意度指数得到提高。

2. 特色县游客满意度水平不断提升,达"满意"水平的特色县数量增多

本季度23个特色县的游客满意度指数平均值为82.40,总体上向"满意"水平的中限值(85.00)靠近。游客满意度指数达到"满意"水平的特色县有21个,比上季度增加了3个。本季度达到"满意"水平的特色县占23个特色县的91.30%,比上季度的78.26%提高了13.04个百分点。游客满意度指数平均值提高,达"满意"水平的特色县数量增加,表明各特色县在抓游客满意度水平提升方面取得了明显成效。

3. 设区市和特色县的游客满意度指数最低值上升,设区市间差距缩小,特色县间差距增大

本季度,全区14个设区市游客满意度指数最高的南宁为84.22,最低的崇左为78.79,最低值比上季度提升了1.72,最高值和最低值之差为5.43,比上季度的6.37缩小了0.94;23个特色县的游客满意度指数最高的金秀为86.34,最低的涠洲岛为78.82,最低值比上季度的78.14提高了0.68,最高值和最低值之差达7.52,差值比上季度增大了1.10。与第三季度比较,设区市和特色县的游客满意度最低值都有不同程度的提升,说明广西游客满意度总体在提升;但特色县之间游客满意度指数差距加大,说明各特色县游客满意度提升速度差距拉大。

4. 一些特色县的游客满意度水平明显提升,各特色县游客满意度排名变化不定

本季度一些特色县的游客满意度水平明显提升,如金秀游客满意度指数达86.34,龙胜为86.12。这两个县是自2015年下半年广西游客满意度调查以来首次突破85.00的县。它们均在2015年底获得了广西第二批"特色旅游名县"称号,在游客满意度方面充分展示出"创特"成效。另外,排名一直比较靠后的桂平,在本季度游客满意度指数首次超过80.00,达到80.98;乐业的排名也由第三季度的第23名,提升到本季度的第7名,说明各特色县只要狠抓游客满意度工作,其游客满意度水平就会得到较快提升。

4.4.3 主要问题

从本季度调查结果看，尽管广西游客满意度水平在不断提升，但还存在游客满意度整体水平仍然不高、设区市游客满意度整体水平提升较慢、少数县（区、市）游客满意度水平提升不理想、城市建设和管理及公共行业服务游客满意度较低等问题。

1. 全区 37 个县（区、市）游客满意度整体水平仍然不高

本季度，14 个设区市和 23 个特色县的游客满意度指数平均值分别为 81.05 和 82.40，均处于"满意"水平的下限。从最高值来看，14 个设区市的最高值为 84.22（南宁），尚未达到"满意"水平的中限值（85.00）；23 个特色县也只有金秀和龙胜两个县的游客满意度指数超过 85.00。这说明广西游客满意度整体水平仍然不高，还有很大的提升空间。

2. 全区 14 个设区市游客满意度整体水平提升较慢

2016 年第一季度设区市游客满意度指数平均值为 79.93，第四季度游客满意度指数平均值为 81.05，第四季度比第一季度提高了 1.12，增长率只有 1.40%；而特色县第一季度游客满意度指数平均值为 80.70，第四季度游客满意度指数平均值为 82.40，第四季度比第一季度提高了 1.70，增长率为 2.11%，全年特色县的提高值比设区市提高值高出 0.58，增长率高出 0.71%。这说明 2016 年各特色县游客满意度水平提升较快，而设区市游客满意度水平提升较慢。

3. 少数县（区、市）游客满意度水平提升不理想

调查结果显示，少数县（区、市）的游客满意度长期保持在较低水平。例如，崇左 2016 年第一至第四季度游客满意度指数分别为 76.65、78.85、78.06 和 78.79，在 78.00 上下波动。虽然从全年来看，其游客满意度指数有所提升，但提升较缓慢。涠洲岛 2016 年第一至第四季度游客满意度指数分别为 79.89、77.80、78.26、78.82，全年游客满意度指数没有提升。上述情况需要引起相关部门的高度重视。

4. 城市建设和管理及公共行业服务游客满意度较低

本季度，14 个设区市的城市建设和管理、公共行业服务和旅游窗口服务的平均值分别为 7.32、7.45 和 7.42；23 个特色县的城市建设和管理、公共行业服务和旅游窗口服务的平均值分别为 7.53、7.47 和 7.63。可见，14 个设区市的城市建设和管理平均值相对较低，23 个特色县的公共行业服务平均值相对较低。这表明城市建设和管理是影响设区市游客满意度的最主要因素，而公共行业服务是影响特

色县游客满意度的最主要因素。

4.5 2016年游客满意度调查情况

4.5.1 各设区市满意度指数年度比较

图 4-9 显示，2016 年各设区市问卷满意度处于"基本满意"水平，各设区市之间有一定差异。贵港、崇左、钦州三市的问卷满意度指数徘徊在 70.00 附近；防城港、北海、河池、玉林、来宾、梧州、贺州处于"基本满意"的中游水平；百色、桂林、柳州、南宁问卷满意度指数均高出贵港、崇左、钦州 5 个百分点以上。

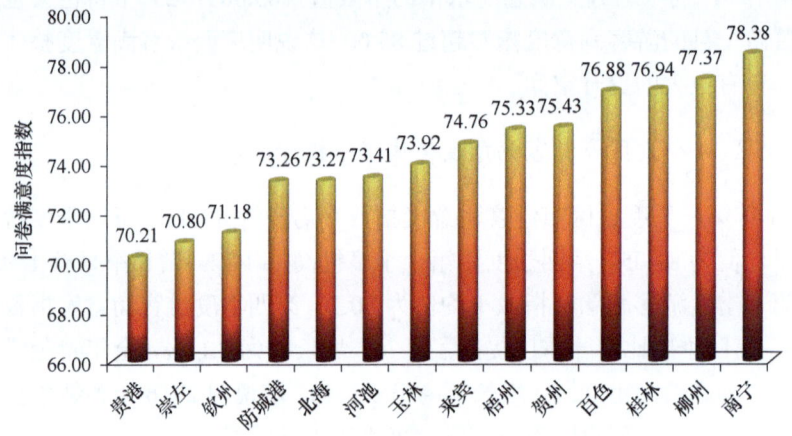

图 4-9　2016 年广西设区市问卷满意度指数比较

图 4-10 表明，2016 年各设区市舆情满意度达到"非常满意"水平，但尚未有城市超过 95.00，均分布在 90.00～94.00，还有一定的上升空间。

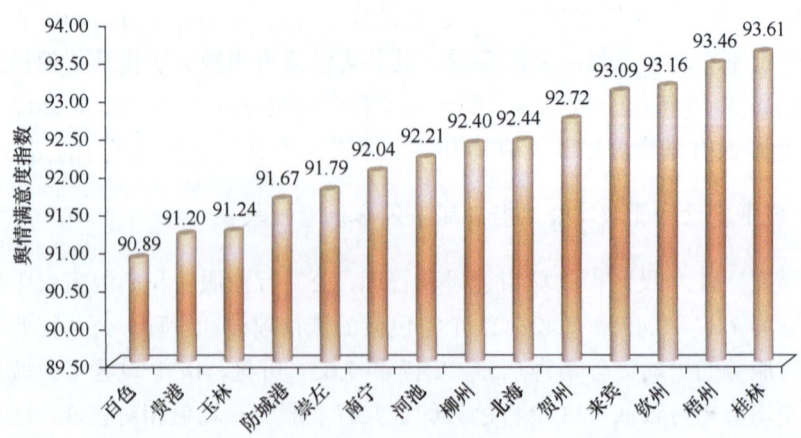

图 4-10　2016 年广西设区市舆情满意度指数比较

由图 4-11 可见，2016 年各设区市投诉满意度处于"满意"水平，且具体指标分布在 84.00～90.00。虽然总体处于"满意"水平，但尚未有设区市跨入"非常满意"的门槛。来宾、河池、钦州、防城港四市表现得更突出一点，已接近"非常满意"临界值。

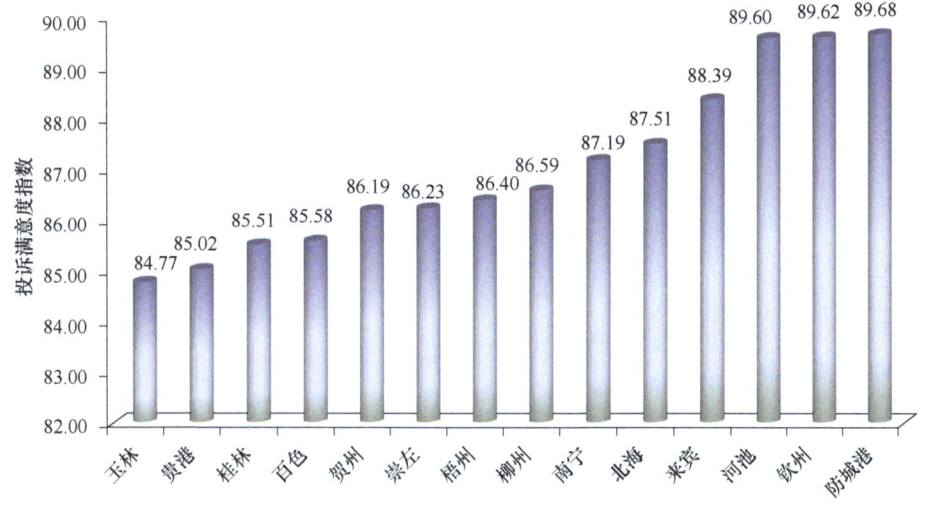

图 4-11　2016 年广西设区市投诉满意度指数比较

图 4-12 显示了 2016 年 14 个设区市游客满意度指数，虽然最低的贵港与最高的南宁只相差 5.50，但整体可分为两个水平阶段。南宁、柳州、桂林、梧州、百色、来宾、贺州、河池、防城港 9 市处于"满意"水平，而其余 5 市处于"基本满意"水平。北海、玉林其实非常接近"满意"水平，差距分别仅为 0.05 与 0.44。

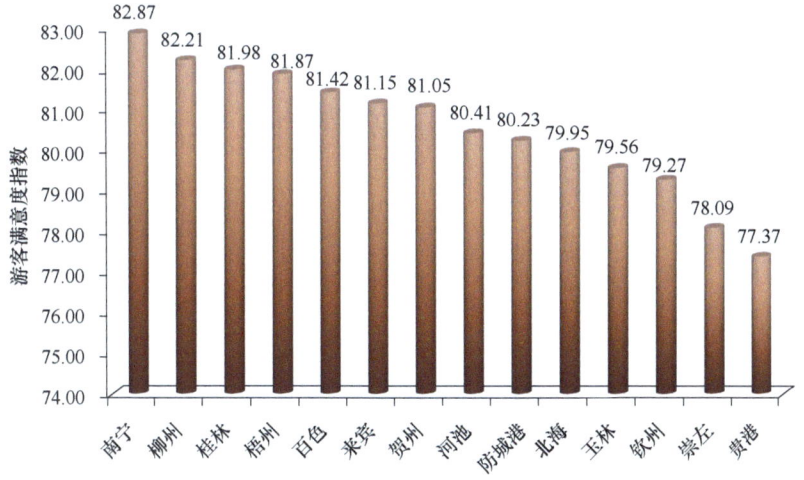

图 4-12　2016 年广西设区市游客满意度指数比较

4.5.2 各特色县满意度指数年度比较

图 4-13 表明，2016 年特色县问卷满意度处于"基本满意"水平，超过 75.00 的特色县占到总数的 47.8%。

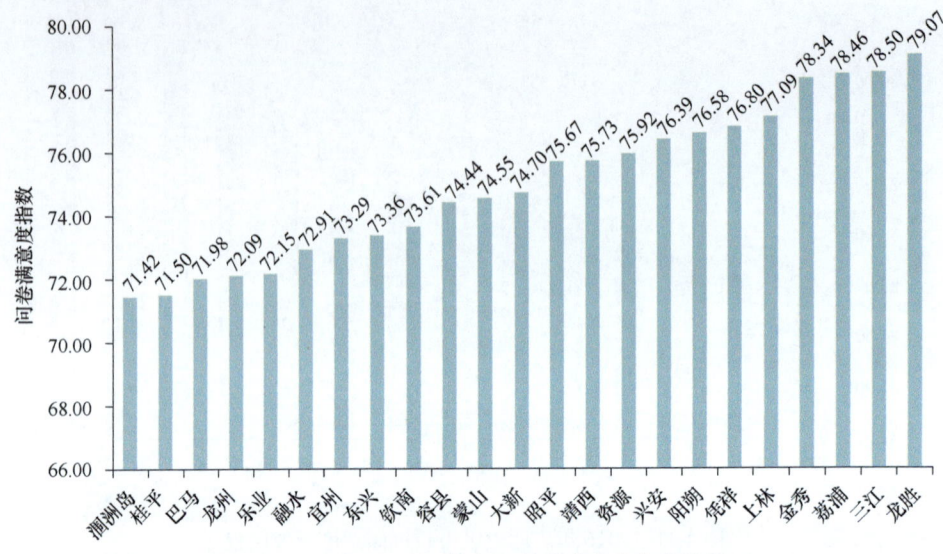

图 4-13　2016 年广西特色县问卷满意度指数比较

由图 4-14 可知，2016 年特色县舆情满意度已全部达到"非常满意"水平，但全部城市指数分布在 95.00 以下。

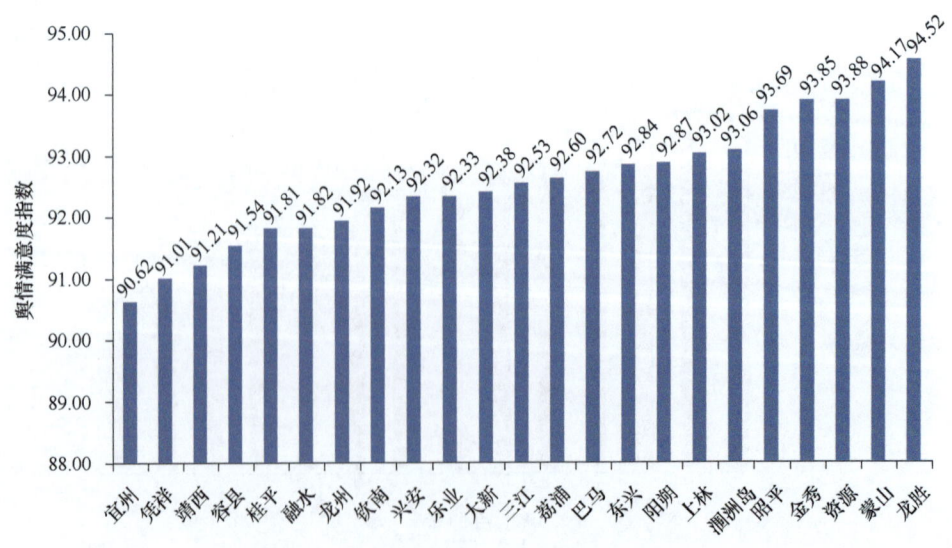

图 4-14　2016 年广西特色县舆情满意度指数比较

图 4-15 显示，2016 年大新、融水、靖西、金秀四个特色县投诉满意度指数较高，已达到"非常满意"水平。其他 19 个县处于"满意"水平，指数分布于 84.50～90.00。

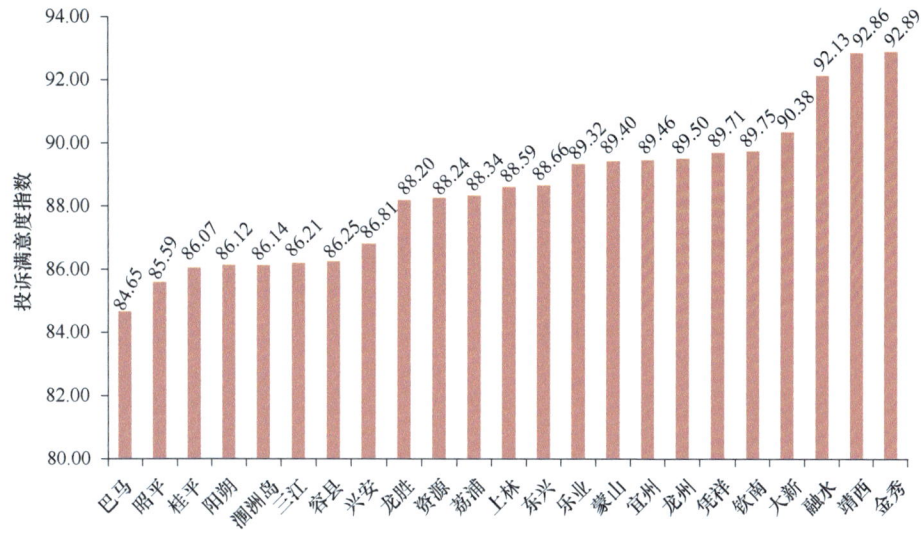

图 4-15　2016 年广西特色县投诉满意度指数比较

从图 4-16 可以看出，2016 年特色县游客满意度表现为两个梯度：桂平、巴马、涠洲岛、乐业、龙州、宜州 6 县处于"基本满意"水平；其余 17 个特色县分布于最低的容县 80.22 至最高的金秀 84.35 之间。总之，2016 年特色县游客满意度指数距离达到"非常满意"水平有一定差距，还有较大的提升空间。

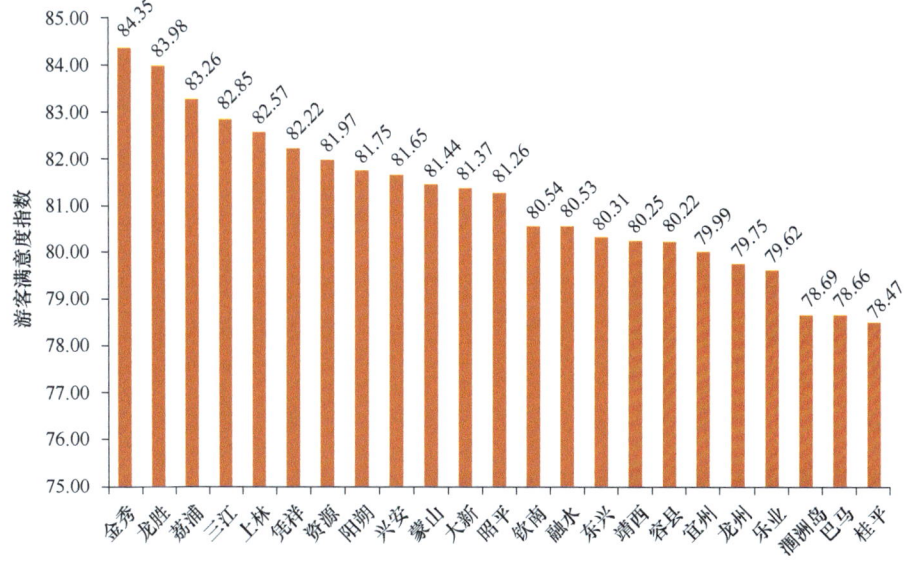

图 4-16　2016 年广西特色县游客满意度指数比较

4.6　2016年工作相关建议

1. 提高城市规划和建设水平，切实完善城市公共服务设施

各设区市政府将游客满意度提升作为"市长工程"，从完善基础设施、加强城市管理、美化市容市貌、提升市民文明素养入手，长期不懈地抓好这项工作。以"旅游+"和"全域旅游"理念为创新发展指导思想，创新旅游服务模式，完善旅游公共服务设施，切实提高游客满意度。各特色县政府和相关部门，要从提高城市建设和管理水平入手，抓好城市公共行业服务和旅游基础设施建设，为本地区游客满意度水平提升打下良好的基础。

2. 提高重视程度，将提升游客满意度作为一项长效工作来抓

由于游客满意度是一个动态性和敏感性指标，相应地，游客满意度提升工作就有一定的长期性和艰巨性，需坚持不懈地抓好它，才能确保其不断提升。从城市建设和管理入手，以公共行业服务为切入点，按照"长期工作抓规划，短期工作抓落实"的思路加强监管，不断提高本地游客满意度水平。

3. 积极开展结对子帮扶工作，加快特色县创建步伐

自2013年启动广西特色县创建工作以来，各特色县以"创特"为抓手，加快了旅游业发展步伐，目前已有6个县（区、市）通过了特色县的评定验收。但调查显示，全区23个特色县之间的游客满意度差距较大，且总体游客满意度距离达到"满意"水平还有较大差距。针对这一问题，各地可积极开展"先进帮后进"和"后进学先进"的结对子帮扶工作，以加快广西特色县的创建工作，同时不断提升广西游客满意度水平。

4. 出台激励措施，有效促进游客满意度水平提升

从第四季度调查结果看，少数县（区、市）游客满意度长期徘徊在较低水平。一是当地政府要真正认识到游客满意度提高对当地经济社会发展的重要性；二是突破经济条件相对较差的客观条件限制，融入更多社会资金用于城市建设和管理；三是针对性地找出真正的问题症结，出台有关激励措施，促进本地游客满意度水平迅速提升。

5. 疏通投诉渠道，有效提升舆情满意度和投诉满意度

从调查结果看，各县（区、市）各季度舆情满意度和投诉满意度很不稳定，

这严重影响到各地游客满意度水平的提升。为此，建议各县（区、市）政府和旅游主管部门加强舆论宣传引导力度，用正面宣传占领网络舆论宣传阵地，提升当地舆情满意度。同时，规范旅游企业经营行为，加强对旅游企业的监管力度，不断提高当地旅游服务质量，减少游客投诉。此外，加强旅游官方网站的建设力度，完善地方旅游投诉网站的建设，并加强二者的连通，以便能够及时疏通投诉反映和投诉处理渠道，及时妥善处理好游客的投诉和抱怨，从而提升当地游客投诉满意度。

6. 补齐旅游要素服务短板，不断提高窗口服务质量

吃、住、行、游、购、娱是旅游业的关键要素，也是窗口服务质量的决定因素。调查显示，本季度设区市和特色县的旅游要素服务质量还存在很多短板，如设区市旅游车船、无障碍设施和旅行社3项指标的平均值分别为7.06、6.87和7.03，特色县旅游车船和无障碍设施两项指标的平均值分别为7.08和6.85，它们是影响窗口服务质量提升的短板。窗口服务质量满意度是影响游客满意度的重要因素。因此，做好旅游要素服务的质量控制，补齐短板，对于提高窗口服务质量有重要意义。

第 5 章 2017 年广西游客满意度调查

5.1 第一季度游客满意度调查

5.1.1 总体情况

2017年第一季度广西14个设区市的游客满意度指数平均值为81.24，26个特色县的游客满意度指数平均值为82.06。设区市与特色县的游客满意度指数平均值均高于80.00，但总体仍处于"满意"水平（80.00~89.99）的下限。因此，设区市与特色县都仍需继续努力，力争不断提升游客满意度水平。

调查结果显示，与2016年第三、第四季度相比，本季度全区14个设区市游客满意度指数保持着增长势头，游客满意度指数平均值由2016年第三季度的80.84，上升至第四季度的81.05，再上升至本季度的81.24；而本季度26个特色县的游客满意度指数平均值与2016年第三季度的81.07相比提高了0.99，与2016年第四季度的82.40相比，降低了0.34。由此可见，本季度设区市游客满意度指数持续升高，而特色县的游客满意度指数稳中略降。

5.1.2 基本分析

1. 设区市游客满意度水平稳中有升，达到"满意"水平的城市数量稳定

本季度，全区14个设区市的游客满意度指数平均值为81.24，处于"满意"水平。其中，南宁、柳州、北海、百色、桂林、贺州、来宾、梧州、玉林、崇左10个设区市的游客满意度指数超过80.00，达到"满意"水平。游客满意度指数达到"满意"水平的设区市比2016年第三季度增加了1个，与2016年第四季度数量相同；达到"满意"水平的设区市占14个设区市总数的71.43%。游客满意度指数平均值上升，达"满意"水平的城市数量相对稳定，说明本季度广西设区市游客满意度水平稳中有升。

2. 特色县的游客满意度仍保持在"满意"水平，达到"满意"水平特色县比重提高

本季度26个特色县的游客满意度指数平均值为82.06，总体上仍保持在"满意"水平。本季度新增恭城、雁山和宁明3个特色县，特色县总数达26个，

游客满意度指数达到"满意"水平的有 24 个，占特色县总数的 92.31%，与 2016 年第四季度的 91.30%相比，提高了 1.01%。游客满意度指数达到"满意"水平的特色县百分比提高，表明各特色县在狠抓提高游客满意度水平方面不断取得成效。

3. 设区市和特色县游客满意度指数最低值上升，且与最高值的差距缩小

本季度，广西 14 个设区市游客满意度指数最高的南宁为 83.21，最低的防城港为 79.04，最低值比上季度提升了 0.25，最高值和最低值之差为 4.17，比上季度减小了 1.26；26 个特色县游客满意度指数最高的凭祥为 85.00，最低的东兴为 78.87，最低值比上季度提高了 0.05，最高值和最低值之差为 6.13，差值比上季度减小了 1.39。与 2016 年第四季度相比，设区市和特色县游客满意度最低值均有不同程度的提升，说明广西游客满意度水平总体在提升。设区市之间和特色县之间游客满意度指数差距都在缩小，说明游客满意度水平较低的县（区、市）都在积极追赶。

4. 多个县（区、市）游客满意度排名在持续上升

本季度，一些设区市与特色县游客满意度排名保持着良好的上升态势。例如，北海从 2016 年第二季度的第 13 名，上升至第三季度的第 9 名，又提升至第四季度的第 8 名，再提升至本季度的第 3 名；又如，凭祥从 2016 年第二季度的第 15 名，提升至第三季度的第 13 名，又提升至第四季度的第 4 名，而后一跃成为本季度的第 1 名，且游客满意度指数达到"满意"水平的中限值（85.00）；再如，大新的排名由 2016 年第三季度的第 15 名，提升至第四季度的第 6 名，再提升至本季度的第 3 名。同样保持上升态势的还有乐业等。

5.1.3 主要问题

从本季度调查结果看，广西游客满意度还存在整体水平仍然不高、一些设区市游客满意度水平提升速度仍然较慢、某些特色县游客满意度水平提升不理想、城市建设和管理及公共行业服务方面的游客满意度水平仍较低等问题。

1. 所调查的 40 个县（区、市）游客满意度整体水平仍然不高

本季度，14 个设区市和 26 个特色县的游客满意度指数平均值分别为 81.24 和 82.06，均处于"满意"水平的下限。14 个设区市游客满意度指数的最高值为 83.21（南宁），较 2016 年第四季度的 84.22（南宁）降低了 1.01，尚未达到"满意"水平的中限值（85.00）；26 个特色县也只有凭祥的游客满意度指数达到 85.00，

且较 2016 年第四季度的最高值 86.34（金秀）降低了 1.34。这说明广西游客满意度水平整体仍然不高，还有很大的提升空间。

2. 一些设区市游客满意度水平提升速度仍然较慢

调查结果显示，一些设区市的游客满意度仍长期徘徊在较低水平。例如，崇左 2016 年第一至第四季度游客满意度指数分别为 76.65、78.85、78.06 和 78.79。虽然各季度游客满意度指数有所提升，且本季度提高到了 80.18，但提升速度较慢；再如，贵港 2016 年第一至第四季度游客满意度指数分别为 75.70、76.84、77.07 和 79.86，本季度为 79.66，虽然近两个季度游客满意度指数已较前几个季度有所提升，但提升速度也较慢，且仍未达到 80.00 的"满意"水平。

3. 某些特色县游客满意度水平提升不理想

调查结果显示，某些特色县游客满意度水平提升不理想，排名一直较靠后。例如，桂平 2016 年第一至第四季度在所调查的 23 个特色县中的排名分别为第 21 名、第 23 名、第 21 名和第 21 名，本季度在所调查的 26 个特色县中的排名为第 23 名，虽然近两个季度其游客满意度指数均达到了 80.00，但总体看提升较慢。还有个别特色县的排名呈下降趋势，如资源游客满意度排名从 2016 年第二季度的第 4 名，下降至第三、第四季度的第 8 名，再降至本季度的第 22 名。还有一些特色县也存在类似情况。这需要引起有关部门的高度重视。

4. 城市建设和管理及公共行业服务游客满意度水平仍然较低

本季度，14 个设区市的城市建设和管理及公共行业服务指标的平均值分别为 7.34 和 7.44，26 个特色县的城市建设和管理及公共行业服务指标的平均值分别为 7.49 和 7.41。它们的值均只处在"基本满意"水平。这表明，城市建设和管理是影响设区市游客满意度水平的最主要因素，而公共行业服务是影响特色县游客满意度水平的最主要因素。

5.2 第二季度游客满意度调查

2017 年第二季度增加了 7 个县（区、市）的游客满意度调查。它们是 2017 年 3 月初入选广西特色旅游名县（含创建县）的合浦、鹿寨、邕宁、合山、灵川、北流、凤山。因此，从本季度开始，纳入游客满意度调查的广西特色县总数达到 33 个，加上 14 个设区市，广西游客满意度调查单位总数为 47 个，占广西设区市和县级行政区总数（125 个）的 37.6%。

5.2.1 总体情况

本季度广西 14 个设区市游客满意度指数保持着增长势头,游客综合满意度指数平均值由第一季度的 81.24,提高到本季度的 81.40,提高了 0.16,提高幅度为 0.20%;而本季度 33 个特色县游客满意度指数平均值有所下降,游客满意度指数平均值由第一季度的 82.06 下降到本季度的 81.50,下降了 0.56,下降幅度为 0.68%。

5.2.2 基本分析

1. 设区市游客满意度水平稳中有升,达到"满意"水平的城市数量增加

本季度广西 14 个设区市游客满意度指数平均值为 81.40,整体处于"满意"水平。其中,柳州、百色、南宁、梧州、桂林、防城港、北海、来宾、钦州、玉林、贺州、崇左 12 个设区市的游客满意度指数超过 80.00,达到"满意"水平。游客满意度指数达到"满意"水平的设区市比第一季度增加了 2 个,达到"满意"水平的设区市占 14 个设区市总数的 85.71%,比上季度的 71.43%提高了 14.28 个百分点。游客满意度指数平均值上升,达"满意"水平的城市数量增加,说明本季度广西设区市游客满意度水平有所提高。

2. 特色县游客满意度水平有所下降,达到"满意"水平的特色县的比例也略有降低

本季度,广西 33 个特色县的游客满意度指数平均值为 81.50,整体上处于"满意"水平。但与第一季度相比,其游客满意度指数平均值降低了 0.56,并且达到"满意"水平的特色县的比例只有 87.88 %,与上季度的 92.31%相比下降了 4.43 个百分点。特色县游客满意度指数平均值下降,达到"满意"水平的特色县的比例也有所降低,我们需要认真分析其原因,找出问题症结所在,以便下季度进行整改与提升。

3. 部分县(区、市)游客满意度排名变动幅度较大,游客满意度未能稳定提升

2017 年上半年,一些设区市与特色县游客满意度排名变化较大。例如,北海排名由 2017 年第一季度的第 3 名,下降至本季度的第 7 名;又如,贺州由 2017 年第一季度的第 6 名下降到本季度的第 11 名。另外,两年来游客满意度指数一直高于 80.00 的兴安,排名由第一季度的第 21 名下降到本季度的第 30 名。可见,一个地方的游客满意度是一个动态的过程,只有当地政府高度重视,时时刻刻抓紧不放松才能保持其稳定与提升。

4. 特色县游客满意度各项指标下降，新进入的 7 个特色县拉低了指标

本季度原有的 26 个特色县游客满意度指数平均值为 81.92，基本保持在上季度的平均值水平。但本季度新增的 7 个特色县游客满意度指数平均值只有 79.94，它们使整个特色县游客满意度指数平均值与上季度相比有较大幅度的下降。同时，新进入的 7 个特色县游客满意度达到"满意"水平的只有 4 个，比例仅为 57.14%，而原有的 26 个特色县游客满意度达"满意"水平的有 25 个，比例达 96.15%。可见，新进入的特色县游客满意度的各项指标值明显低于经过一年以上创建的特色县游客满意度的各项指标值。

5. 特色县问卷满意度指数下降明显，各地抓好问卷满意度的提升工作是关键

本季度 33 个特色县问卷满意度指数平均值为 75.20，比上季度的 76.17 下降了 0.97，舆情满意度指数平均值为 91.66，与上季度的 91.63 基本持平，投诉满意度指数平均值为 90.25，比上季度的 90.14 高 0.11。由此可见，造成本季度游客满意度指数降低的主要原因是问卷满意度指数降低。通过进一步分析发现，2017 年新进入的 7 个创建县问卷满意度指数平均值只有 72.46，明显低于 26 个特色县问卷满意度指数平均值。由此可以看出，游客满意度提升的重点是问卷满意度提升，而抓好新进入的几个创建县的问卷满意度提升工作又是重中之重。

5.2.3　主要问题

1. 所调查的 47 个县（区、市）游客满意度整体水平不高

本季度 14 个设区市和 33 个特色县的游客满意度指数平均值分别为 81.40 和 81.50，只处于游客"满意"水平（80.00~89.99）的下限值范围内。14 个设区市游客满意度指数的最高值为 84.29（柳州），也尚未达到"满意"水平的中限值（85.00）；33 个特色县只有恭城（85.12）达到 85.00。这说明所调查的 47 个县（区、市）游客满意度整体水平仍然不高，也在一定程度上反映了广西游客满意度水平仍然较低，游客满意度还有很大提升空间。

2. 所调查的部分县（区、市）游客满意度水平不够稳定

根据本季度的调查结果，结合前几个季度的数据分析发现，部分县（区、市）的游客满意度水平很不稳定，其排名前后变动较大。例如，北海排名从 2016 年第二季度的第 13 名上升至第三季度的第 9 名，又提升至第四季度的第 8 名，再提升至今年第一季度的第 3 名，而本季度其排名下降到第 7 名；又如，兴安游客满意

度指数由 2016 年第四季度的 81.99，下降到今 2017 年第一季度的 80.18，再下降到本季度的 79.77；部分其他县（区、市）也有类似情况。这说明广西部分县（区、市）的游客满意度工作做得还不够扎实，导致游客满意度水平不稳定。

3. 新进入的特色县的游客满意度水平明显偏低，其中问卷满意度水平偏低尤其明显

从前面分析可以看出，2017 年 3 月初进入广西特色旅游名县（含创建县）行列的 7 个特色县游客满意度水平明显偏低，并且其问卷满意度水平偏低程度尤其明显。通过进一步地分析发现，这 7 个特色县的各项二级指标大多低于特色县平均值。以问卷满意度的城市建设和管理指标为例，本季度 33 个特色县城市建设和管理指标平均值为 7.42，7 个新进入的特色县该项指标值是：邕宁 7.27、鹿寨 7.47、合浦 7.00、灵川 7.99、北流 6.52、凤山 7.44、合山 6.83。可见，除灵川、鹿寨、凤山高于平均值外，其余 4 个特色县均明显低于平均值。

4. 城市建设和管理及公共行业服务游客满意度水平需要大力提升

本季度 14 个设区市的城市建设和管理及公共行业服务平均值分别为 7.32 和 7.44，33 个特色县的城市建设和管理及公共行业服务平均值分别为 7.31 和 7.41。分别与 2017 年第一季度相比，变化不大，它们的值只处在"基本满意"水平，但它们都是影响全区游客满意度的重要因素。相对而言，本季度城市建设和管理对设区市游客满意度水平的影响最大，而公共行业服务对特色县的游客满意度水平影响最大，这两项指标的游客满意度水平都需要大力提升。

5.3 第三季度游客满意度调查

5.3.1 总体情况

本季度广西 14 个设区市游客满意度指数平均值为 80.78，与第二季度的 81.40 相比下降了 0.62，下降幅度为 0.76%；本季度 33 个特色县游客满意度指数平均值为 81.26，与第二季度的 81.50 相比下降了 0.24，下降幅度为 0.29%。

从游客满意度的三个构成项来看，14 个设区市本季度问卷满意度指数平均值为 75.09，与上季度的 74.87 相比提高了 0.22，提高幅度为 0.29%；舆情满意度指数平均值为 92.19，与上季度的 91.75 相比提高了 0.44，提高幅度为 0.48%；投诉满意度指数平均值为 86.46，与上季度的 90.61 相比下降了 4.15，下降幅度为 4.58%。

33 个特色县本季度问卷满意度指数平均值为 75.31，与上季度的 75.20 相比提

高了 0.11，提高幅度为 0.15%；舆情满意度指数平均值为 91.64，与上季度的 91.66 相比下降了 0.02，下降幅度为 0.02%；投诉满意度指数平均值为 88.75，与上季度的 90.25 相比下降了 1.50，下降幅度为 1.66%。

5.3.2　基本分析

1. 设区市游客满意度指数平均值下降，达到"满意"水平的城市数量减少

本季度广西 14 个设区市游客满意度指数平均值与第二季度相比下降了 0.62，下降幅度为 0.76%；游客满意度指数达到"满意"水平（80.00）的城市只有百色、南宁、桂林、贵港、柳州、梧州、来宾、贺州、北海 9 个，与第二季度相比减少了 3 个，达到"满意"水平的设区市占 14 个设区市总数的 64.29%，比上季度的 85.71%下降了 21.42 个百分点。本季度游客满意度指数平均值与第二季度相比下降 0.76%，达"满意"水平的城市数量减少了 21.42%，说明本季度广西设区市游客满意度水平明显下降。

2. 特色县游客满意度水平有所降低，达"满意"水平的特色县数量有所减少

本季度广西 33 个特色县游客满意度指数与第二季度相比下降了 0.24，下降幅度为 0.29%；本季度游客满意度指数达到"满意"水平的特色县由上季度的 29 个下降到 28 个，达到满意水平的特色县占特色县总数的 84.85%，与上季度的 87.88%相比也下降了 3.03 个百分点。游客满意度指数平均值下降了 0.29%，达到"满意"水平的特色县下降了 3.03%，反映出第三季度广西特色县游客满意度水平略有下降。

3. 部分设区市和特色县各季度排名变化大，游客满意度工作需长抓不懈

调查结果显示，一些设区市和特色县游客满意度排名变化较大。例如，柳州由上季度的第 1 名下降到本季度的第 5 名；贵港则由上季度的第 13 名上升到本季度的第 4 名。金秀游客满意度过去在特色县排名一直靠前，但本季度其游客满意度指数由上季度的第 2 名下降到第 12 名。由此可见，旅游目的地的游客满意度是一个动态的过程，只有当地政府高度重视，时刻注意长抓不懈才能保持稳定与得到提升。

4. 投诉满意度下降明显，管理与服务跟不上是主要原因

本季度 14 个设区市投诉满意度指数平均值与上季度相比下降了 4.15，下降幅度达 4.58%；33 个特色县投诉满意度指数平均值与上季度相比也下降了 1.50，

下降幅度为 1.66%。由此可以看出，本季度广西游客满意度指数降低的直接原因是投诉满意度指数降低。第三季度是广西的旅游旺季，各地接待游客数量明显增加，但是如果管理与服务工作跟不上就会造成游客的投诉与抱怨。因此，提高管理与服务水平、减少游客投诉、妥善处理游客投诉是提高游客满意度水平的重要工作。

5.3.3 主要问题

1. 所调查的 47 个县（区、市）游客满意度水平总体仍然不高

本季度 14 个设区市和 33 个特色县的游客满意度指数平均值分别只有 80.78 和 81.26，处于游客"满意"水平（80.00~89.99）的下限值范围；14 个设区市游客满意度指数最高的百色只有 83.18，离"满意"水平中限值（85.00）还有一定差距。33 个特色县游客满意度指数最高的龙胜为 84.97，也尚未达到 85.00。这说明本季度所调查的 47 个县（区、市）游客满意度整体水平仍然不高，也在一定程度上反映出广西游客满意度水平仍然较低。

2. 所调查的 47 个县（区、市）游客满意度水平整体有所下降

从前面分析可以看出，本季度与上季度相比，广西游客满意度整体水平有所下降，特别是 14 个设区市下降更为明显。究其原因，可能有以下几个方面：一是进入旅游旺季，各地接待旅游者数量增加，而一些地方的管理和服务工作未能及时跟上，从而导致游客满意度下降；二是不少特色县大搞项目建设而成了一个大工地，未做好防尘降噪和温馨提示等工作，引起游客不满；三是进入雨季后大雨造成的山体滑坡和泥石流等未能及时清理，导致道路交通不够通畅，使游客产生较多的抱怨和不满。

3. 部分被调查单位游客满意度水平不够稳定

根据本季度调查结果，结合前几个季度的数据分析发现，部分县（区、市）游客满意度水平不够稳定，其排名前后变动较大。例如，北海排名从 2016 年第二季度的第 13 名上升至第三季度的第 9 名，又提升至第四季度的第 8 名，再提升至 2017 年第一季度的第 3 名，而上季度其排名下降到第 7 名，本季度又下降到第 9 名；又如，金秀的游客满意度指数由 2016 年第二季度的 82.20，上升到第三季度的 84.56，再上升到第四季度的 86.34，而 2017 年第一和第二季度的游客满意度指数分别下降到 84.27 和 84.71，在本季度下降到 81.88。其他县（区、市）也有类似情况。

4. 投诉满意度下降明显

从前面分析可知，与上季度相比，本季度 14 个设区市投诉满意度指数下降了 4.58%，33 个特色县的这一指标值也降低了 1.66%。从表面上看，这是由进入旅游旺季、游客数量大幅度增加造成的，实际上这与各地旅游管理和服务工作跟不上密切相关。以设区市本季度投诉满意度指数最低的玉林（82.37）为例，游客有如下投诉或抱怨："动车站区域交通太堵，车站吸烟人数过多""希望城区多一些坐的地方""讨厌乱扔垃圾，随地抽烟多见""希望增加休息区、吸烟区之类的区域"。

5. 城市建设和管理及公共行业服务游客评价偏低

从三级指标看，本季度 14 个设区市的城市规划与建筑指标平均值为 7.06，其次是公共设施，平均值为 7.16，它们均归属于城市建设和管理这个二级指标；33 个特色县出租车指标平均值最低，只有 6.95，其次是城市公交，平均值为 7.08，这两个指标都归属于公共行业服务这个二级指标。由此可见，相对而言，本季度城市建设和管理对设区市游客满意度影响最大，而公共行业服务对特色县游客满意度影响最大。换言之，游客对设区市的城市建设和管理满意度最低，对特色县的公共行业服务满意度最低。

5.4 第四季度游客满意度调查

5.4.1 总体情况

本季度广西 14 个设区市游客满意度指数平均值为 80.72，与第三季度的 80.78 相比基本持平，而与第二季度的 81.40 相比下降了 0.68，下降幅度为 0.84%。本季度 33 个特色县游客满意度指数平均值为 81.93，与第三季度的 81.26 相比，上升了 0.67，上升幅度为 0.82%，与第二季度的 81.50 相比也上升了 0.43，上升幅度为 0.53%。

从游客满意度的三个构成项来看，14 个设区市本季度问卷满意度指数平均值为 74.73，与上季度的 75.09 相比下降了 0.36，下降幅度为 0.48%；舆情满意度指数平均值为 91.60，与上季度的 92.19 相比下降了 0.59，下降幅度为 0.64%；投诉满意度指数平均值为 87.81，与上季度的 86.46 相比提高了 1.35，提高幅度为 1.56%。33 个特色县本季度问卷满意度指数平均值为 75.74，与上季度的 75.31 相比提高了 0.43，提高幅度为 0.57%；舆情满意度指数平均值为 91.68，与上季度的 91.64 相比上升了 0.04，上升幅度为 0.04%；投诉满意度指数平均值为 90.75，与上季度的 88.75 相比提高了 2.00，提高幅度为 2.25%。

1. 各设区市四个季度满意度指数变化趋势

图 5-1 表明，广西设区市各季度问卷满意度均处于"基本满意"水平，指数分布在 72.00~80.00。各设区市问卷满意度指数变化不是很大，但各设区市之间差异相对明显。南宁、柳州、桂林、梧州、北海、百色六市的问卷满意度指数相对高一点，处于 75.00 以上。其他设区市除个别季度指标超过 75.00 外，绝大部分指标低于 75.00，分布在 72.00~75.00。

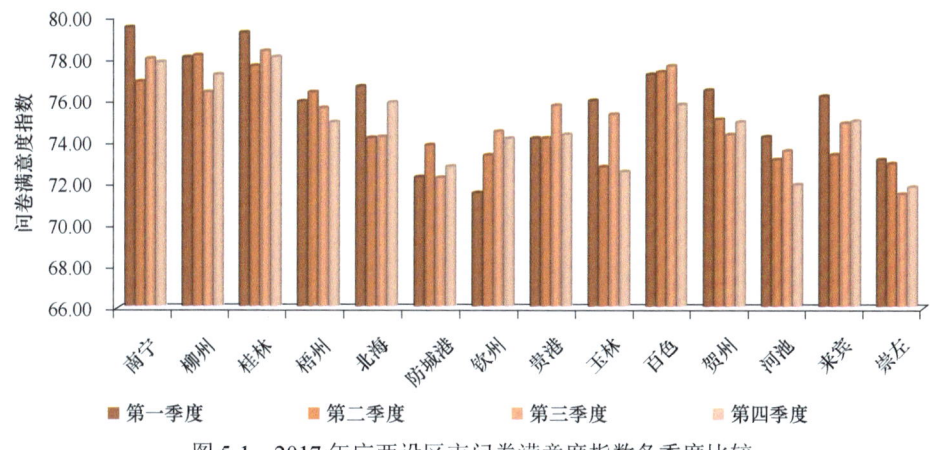

图 5-1 2017 年广西设区市问卷满意度指数各季度比较

图 5-2 表明，2017 年各设区市舆情满意度总体处于"非常满意"水平，大部分指数分布在 91.00~92.50。南宁、柳州、梧州、防城港、钦州、崇左有个别季度指标明显高于平均水平 91.69。但也有极个别现象，如玉林第一季度处于 87.73，明显低于平均水平，尚未达到"非常满意"水平。

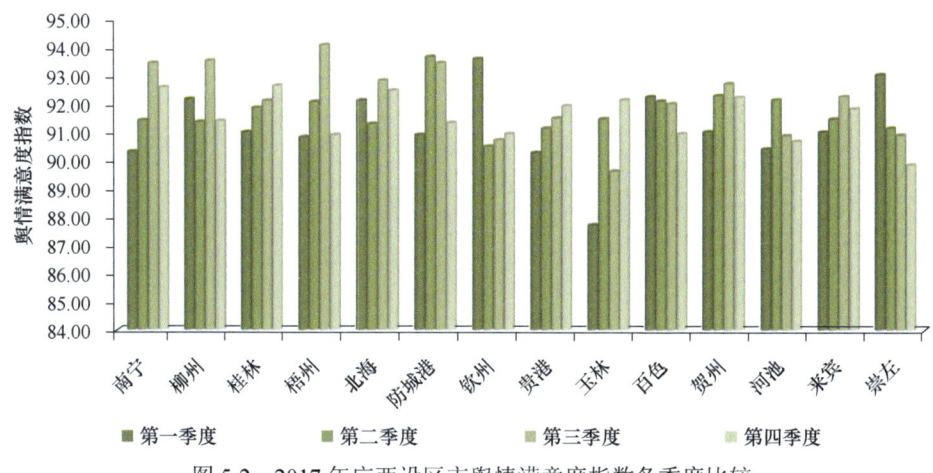

图 5-2 2017 年广西设区市舆情满意度指数各季度比较

图5-3表明，2017年广西各设区市投诉满意度总体尚未达到"非常满意"水平，年度均值为88.20，处于"满意"水平，大部分设区市也基本高于85.00。大部分设区市有单一季节的投诉满意度达到"非常满意"水平。

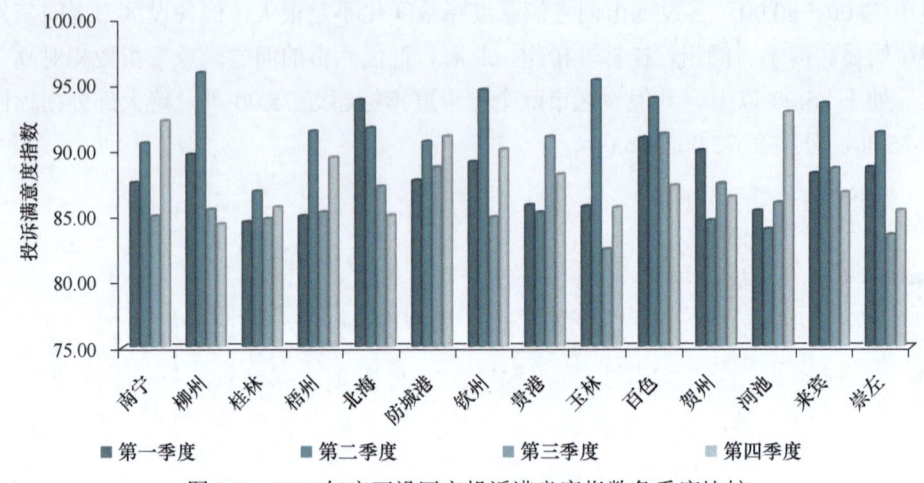

图5-3　2017年广西设区市投诉满意度指数各季度比较

图5-4表明，2017年广西各设区市游客满意度指数平均值达到80.72，处于"满意"水平。但玉林、崇左、河池的游客满意度指数平均值分别为79.94、79.49、79.05，接近"满意"水平。除上述三个设区市外，其他设区市已经达到"满意"水平，但指标值仅分布在80.00～83.00，柳州第二季度84.29是个例外。从各季度表现来看，南宁、桂林、来宾三市相对平稳，波动不大。其他城市个别季度呈现一定波动。

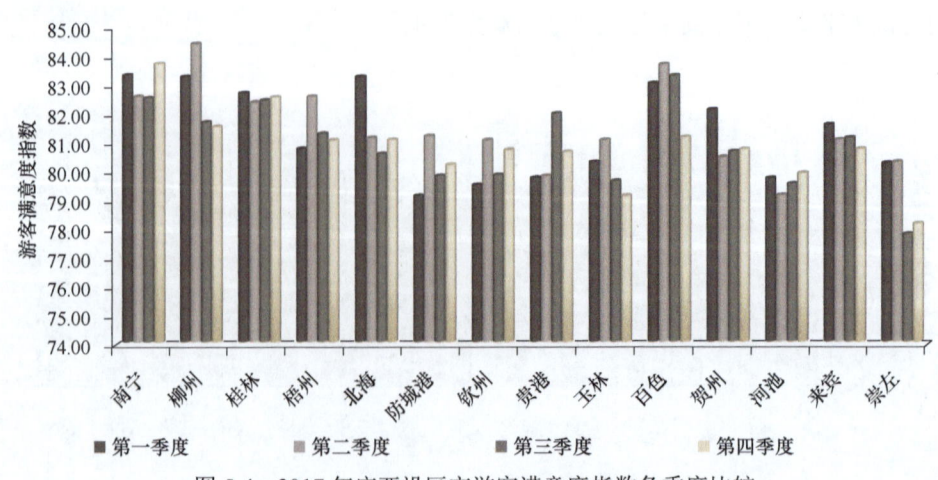

图5-4　2017年广西设区市游客满意度指数各季度比较

2. 各特色县四个季度满意度指数变化趋势

由图5-5可知，2017年各特色县各季度问卷满意度指数变化较大，整体上处于"基本满意"水平，平均值达到75.60。除鹿寨、合山的平均值分别为69.68和69.85，非常接近70.0外，其他特色县平均值都在70.0以上。平均值处于75.60以上的特色县有三江、雁山、阳朔、荔浦、恭城、灵川、蒙山、钦南、容县、靖西、昭平、金秀、大新、凭祥，共14个，占33个特色县的42.4%。

图5-6表明，2017年各特色县各季度舆情满意度指数总体处于"非常满意"水平，舆情满意度指数平均值达到91.65，但各特色县各季度在该指数区间内也有较大变化，最低值为合山的87.0，最高值是北流的94.84，二者相差7.84。从图5-6可知，合山是唯一舆情满意度指数平均值没有到达90.0的特色县。

图5-7表明，2017年各特色县各季度投诉满意度指数总体处于"满意"和"非常满意"之间的过渡带，平均值为89.97。除第三季度各特色县的平均值88.75没有达到"非常满意"水平外，其他三个季度均迈过90.00这一门槛。各特色县各季度投诉满意度指数平均值超过90.00的有17个特色县，占调查总数33个的51.5%，指数在90.08~94.64分布，龙州最高，四个季度均达到"非常满意"水平，第四季度达到峰值98.00。投诉满意度指数低于90.00的有靖西、桂平、钦南、龙胜等16个特色县，在85.20~89.84波动，其中合山第二季度的81.10为整个年度的低谷值。

图5-8表明，2017年各特色县各季度游客满意度指数总体处于"满意"水平，平均值达到81.69。平均值在80.00以上的29个特色县，在80.63~84.33分布，最高值与最低值相差不到4。由图5-8中还可以看出，仅有凭祥、恭城、金秀三县分别在第一、第二、第四季度游客满意度指数超过85.00，但未到86.00。另外，仅有鹿寨、合山、北流、东兴、涠洲岛五县游客满意度指数低于80.00，占33个特色县的15%，且涠洲岛、东兴、北流分别为79.93、79.91、79.79，也非常接近"满意"水平。金秀第四季度游客满意度指数达到年度高峰值85.36，合山第二、第三、第四季度的75.16、76.50、78.38为年度各特色县最低值。

5.4.2 基本分析

1. 设区市游客满意度指数平均值与上季度相比基本持平

本季度广西14个设区市游客满意度指数平均值与第三季度基本持平，但游客满意度指数达到"满意"水平的设区市数量增加。第三季度只有百色、南宁、桂林、贵港、柳州、梧州、来宾、贺州、北海9个设区市的游客满意度指数达到

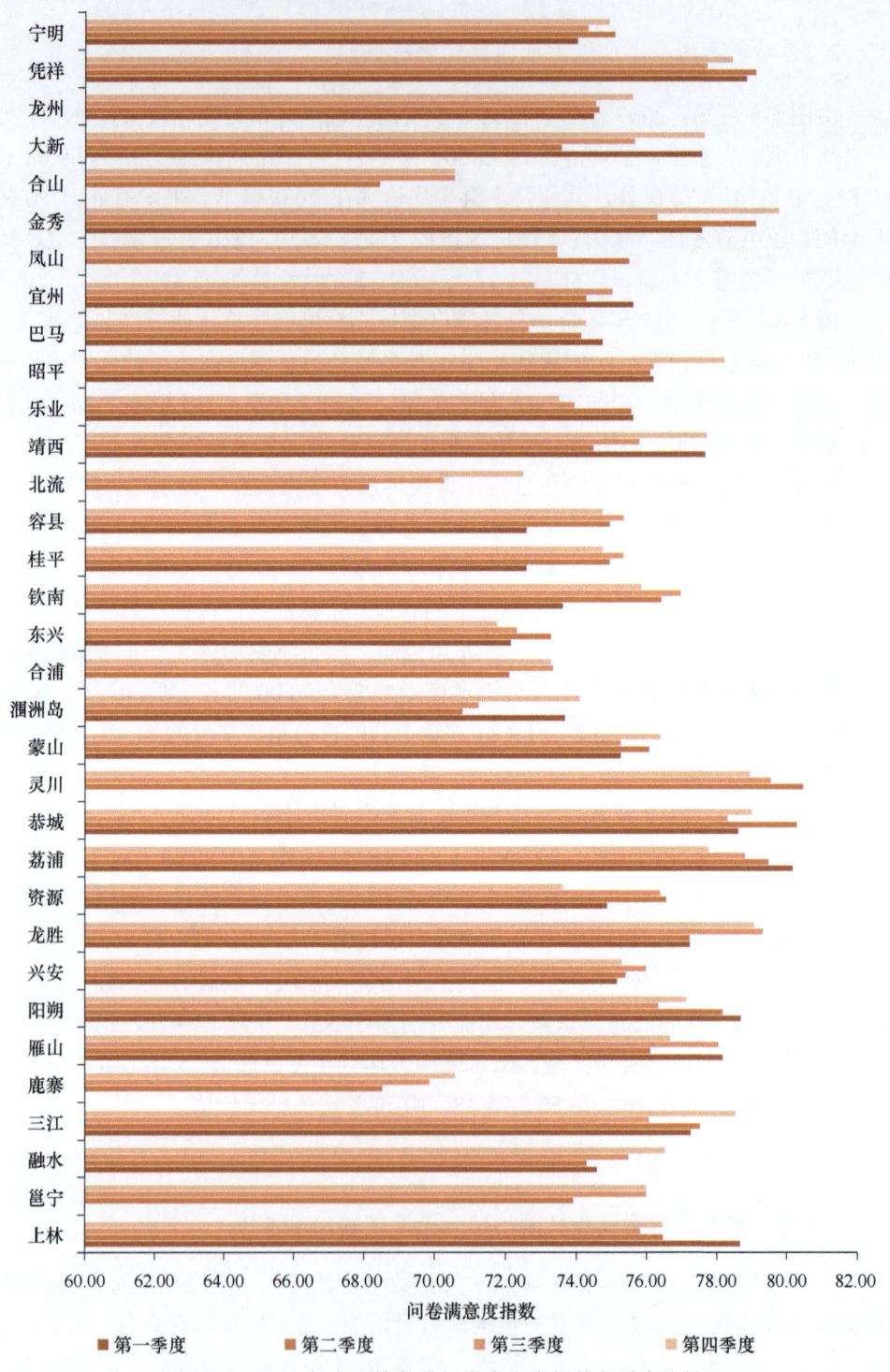

图 5-5　2017 年广西特色县问卷满意度指数各季度比较

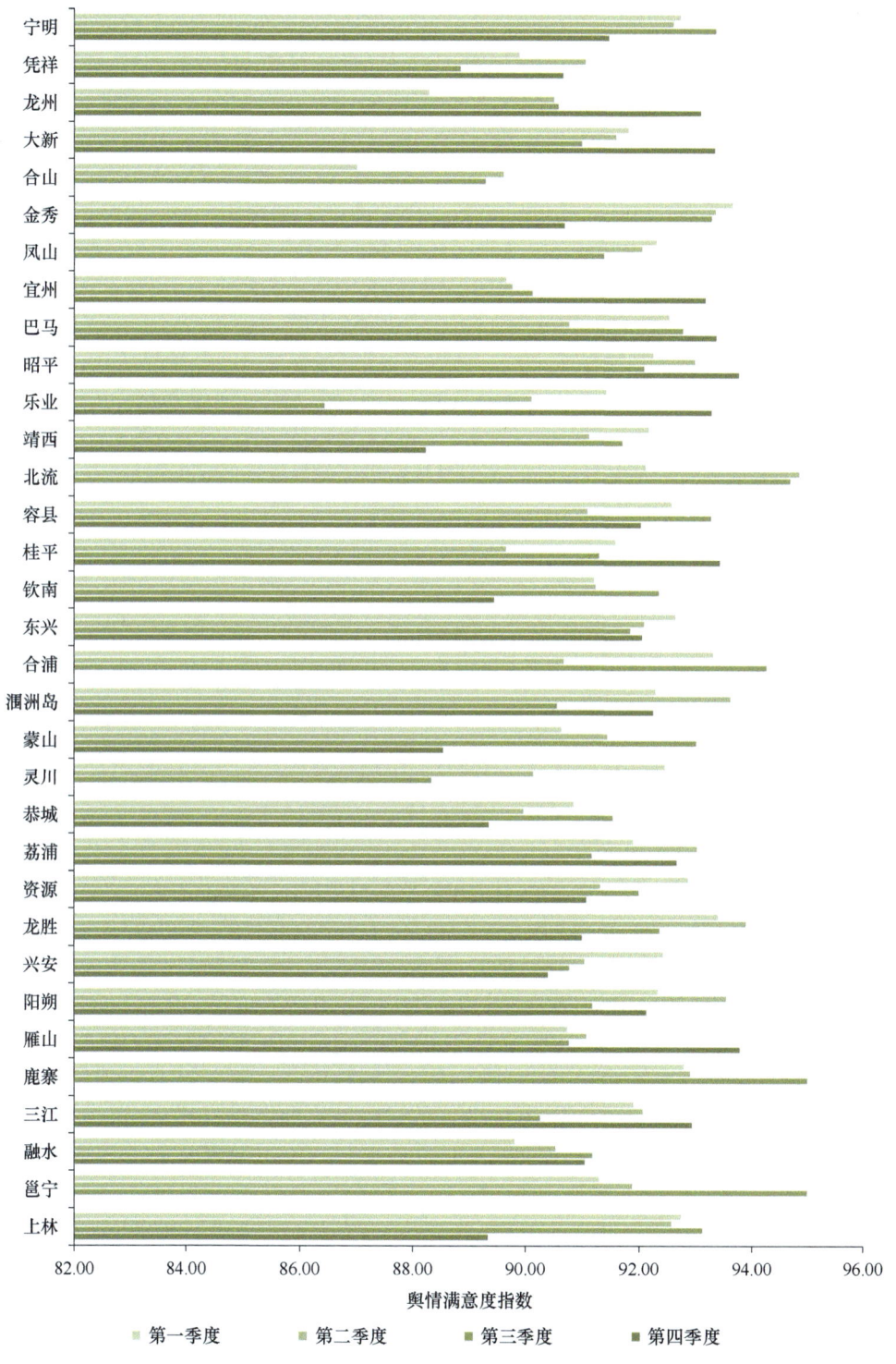

图 5-6　2017 年广西特色县舆情满意度指数各季度比较

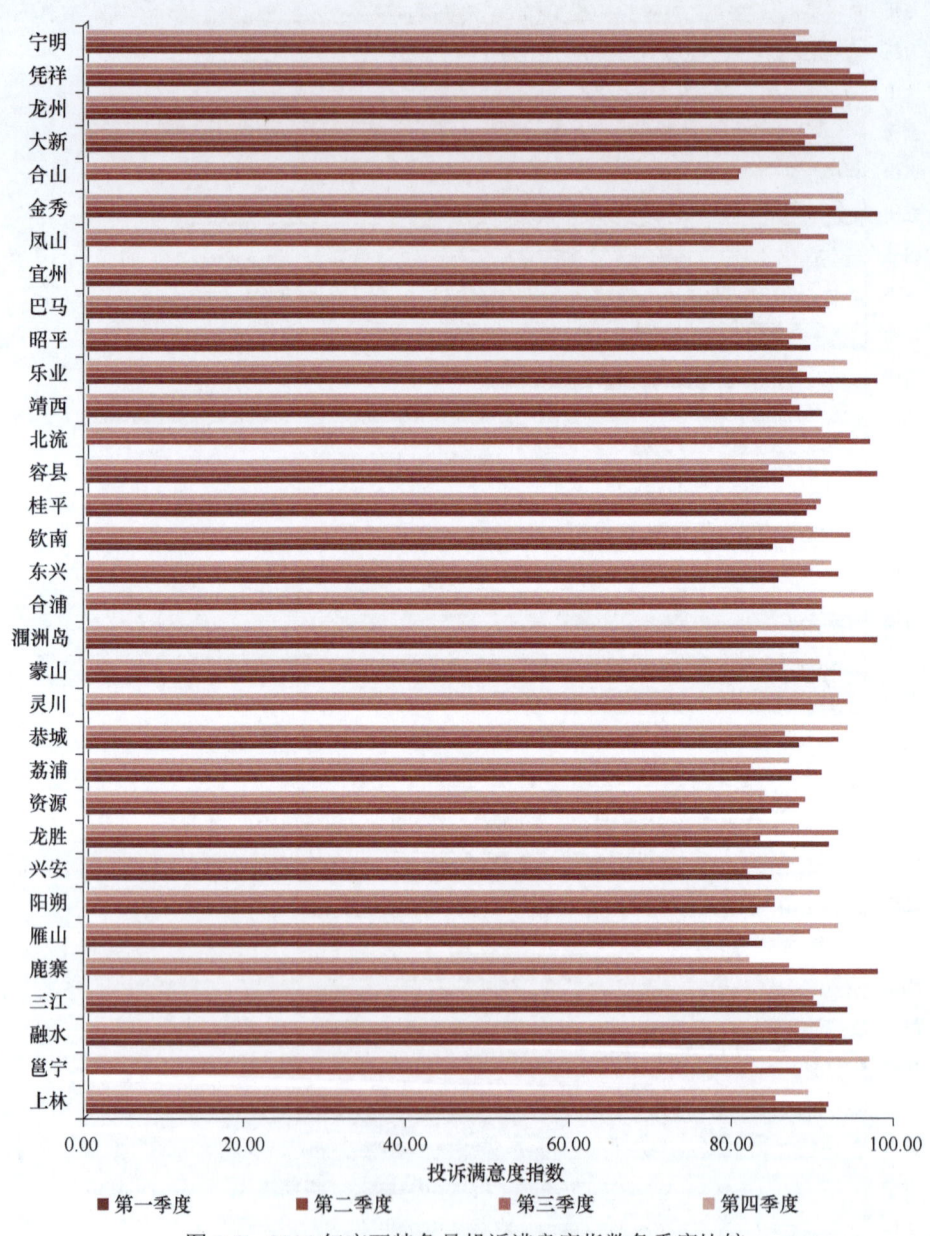

图 5-7 2017 年广西特色县投诉满意度指数各季度比较

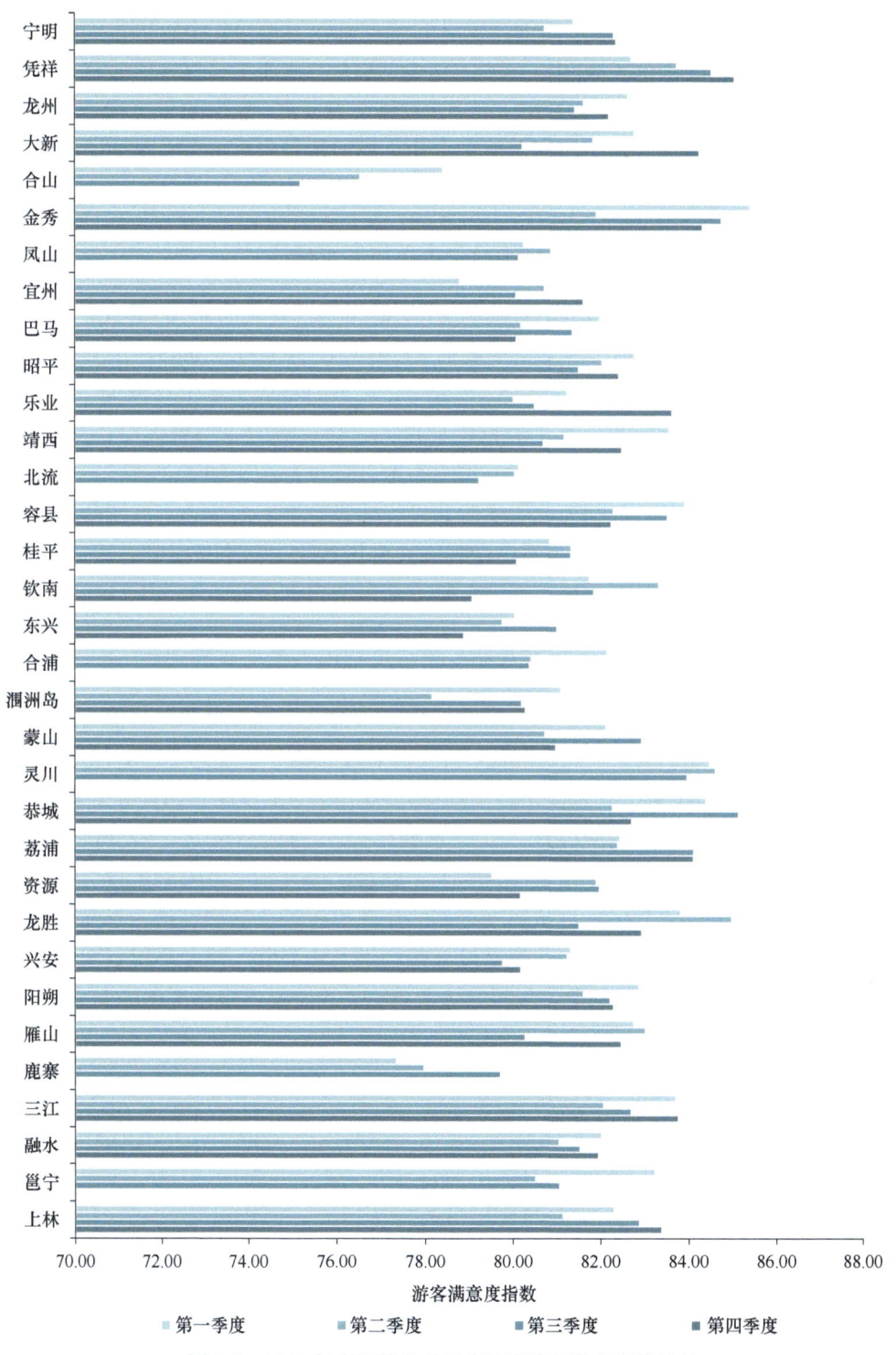

图 5-8 2017年广西特色县游客满意度指数各季度比较

"满意"水平，而本季度除了河池、玉林和崇左外，其余 11 个设区市的游客满意度指数平均值都达到了 80.00。因此，达到"满意"水平的设区市占设区市总数的 78.57%，与上季度的 64.29%相比提高 14.28 个百分点。游客满意度指数平均值持平，而达到"满意"水平的城市数量增加，说明本季度广西各设区市之间的游客满意度水平差距在缩小。

2. 特色县游客满意度指数比上两个季度均有所提高

本季度 33 个特色县游客满意度指数平均值与第三季度的 81.26 相比，上升了 0.67，上升幅度为 0.82%，与第二季度的 81.50 相比也上升了 0.43，上升幅度为 0.53%。本季度游客满意度指数达到"满意"水平的特色县由上季度的 28 个提高到 29 个，达到"满意"水平的特色县占特色县总数的 87.88%，与上季度的 84.85%相比也提高了 3.03 个百分点。第三季度各特色县由于加大对特色县的创建力度，大搞旅游基础设施和公共服务配套设施建设等，其游客满意度指数平均值与第二季度相比有所下降，而本季度游客满意度指数比上两个季度都有显著提高，这充分反映了各特色县在创建广西特色县方面所取得的成效。

3. 特色县三大分项游客满意度指数平均值均比上季度有所提升

本季度问卷满意度指数、舆情满意度指数及投诉满意度指数平均值与上季度相比都有不同程度的提升。如前所述，问卷满意度指数平均值为 75.74，与上季度相比提高了 0.57%；舆情满意度指数平均值为 91.68，与上季度相比提高了 0.04%；投诉满意度指数平均值为 90.75，与上季度相比提高了 2.25%。进一步分析可以看出，在三大分项游客满意度指数中，与上季度相比提升幅度最大的是投诉满意度指数，提升幅度达 2.25%。这从另一个侧面反映出各特色县通过第三季度的积极创建，旅游基础设施与公共服务配套设施得到进一步完善，旅游环境氛围与管理水平得到显著提升，各地的游客投诉率大大降低，故而投诉满意度水平明显上升。

5.4.3 主要问题

本季度广西 47 个被调查单位游客满意度水平总体呈现稳中有升态势，如达到"满意"水平的设区市数量比上季度增加了 2 个，特色县的游客满意度指数平均值与第二、第三季度相比均有所提升等。但是通过调查发现，本季度广西游客满意度也还存在不少问题。

1. 所调查的 47 个县（区、市）游客满意度水平还有很大的提升空间

本季度 14 个设区市和 33 个特色县的游客满意度指数平均值分别只有 80.72

和 81.93，均处于游客"满意"水平（80.00~89.99）的下限范围内。设区市游客满意度指数最高的南宁市也只有 83.60，离"满意"水平的中限值（85.00）还有一定差距。在 33 个特色县中，游客满意度指数达到 85.00 的也只有金秀一个特色县。这说明本季度所调查的 47 个单位游客满意度整体水平仍然不高。

2. 14 个设区市游客满意度水平长期徘徊不前

2017 年第一季度 14 个设区市的游客满意度指数平均值为 81.24，最高值为 83.21，游客满意度指数达到 80.00 的有 10 个设区市；第二季度 14 个设区市的游客满意度指数平均值为 81.40，最高值为 84.29，游客满意度指数达到 80.00 的设区市有 12 个；第三季度 14 个设区市的游客满意度指数平均值为 80.78，最高值为 83.18，游客满意度指数达到 80.00 的有 9 个设区市；第四季度 14 个设区市的游客满意度指数平均值为 80.72，最高值为 83.60，游客满意度指数达到 80.00 的有 11 个设区市。可见，本年度 14 个设区市无论是游客满意度指数平均值，还是单个市最高值，或是游客满意度指数达到 80.00 的设区市的数量，都呈现出徘徊不前的态势。

3. 问卷满意度仍然是游客满意度的短板

根据本季度调查结果，结合前几个季度的调查数据分析发现，在问卷满意度、舆情满意度和投诉满意度三大分项中，问卷满意度仍然是游客满意度的短板。以问卷满意度指数平均值为例，第一季度设区市和特色县的问卷满意度指数平均值分别为 75.69 和 76.17，第二季度分别为 74.87 和 75.20，第三季度分别为 75.09 和 75.31，第四季度分别为 74.73 和 75.74。而相应季度的舆情满意度指数和投诉满意度指数平均值，无论是设区市还是特色县均高于 85.00。可见，无论是设区市还是特色县，提升游客满意度的关键在于提升其问卷满意度。

4. 基础设施与公共服务配套设施是游客抱怨与投诉的重点

从调查结果看，本季度游客抱怨与投诉的重点体现在基础设施与公共服务配套设施方面。例如，一位来自甘肃的游客认为，南宁"自驾车设施不完善"；一位来自天津的游客认为，南宁"无障碍设施不完善"；一位来自湖北黄冈的游客认为，柳州应该加强"交通基础建设，并且加大治安管理力度"；一位来自福建的游客希望桂林"增加一些路牌，方便旅客寻找"，一位来自黑龙江的游客也认为，桂林的"路牌标识应更清楚明白"；一位来自广州的学生游客认为，梧州"洗手间和绿化都有待改善"；一位来自上海的游客认为，北海"城市配套设施应加强";一位来自山东淄博的游客认为,防城港"休憩设施太少,找个凳子坐都较难";一位来自江西上饶的游客认为,钦州"基础设施比较陈旧,手机信号弱"……限于篇幅,游客对各设区市的抱怨与投诉不在这里一一列举。总之,游客对各设区市抱怨与投诉最多的对象是基础设施和公共服务配套设施。

5.5 2017 年游客满意度调查情况

5.5.1 各设区市满意度指数年度比较

图 5-9 表明,各设区市 2017 年问卷满意度总体处于"基本满意"水平,问卷满意度指数年度均值达到 75.09。问卷满意度指数分布在 75.00～78.25 的城市为南宁、柳州、桂林等 7 个城市,占总数的 50%;其余城市指标在 72.27～74.79 变动。

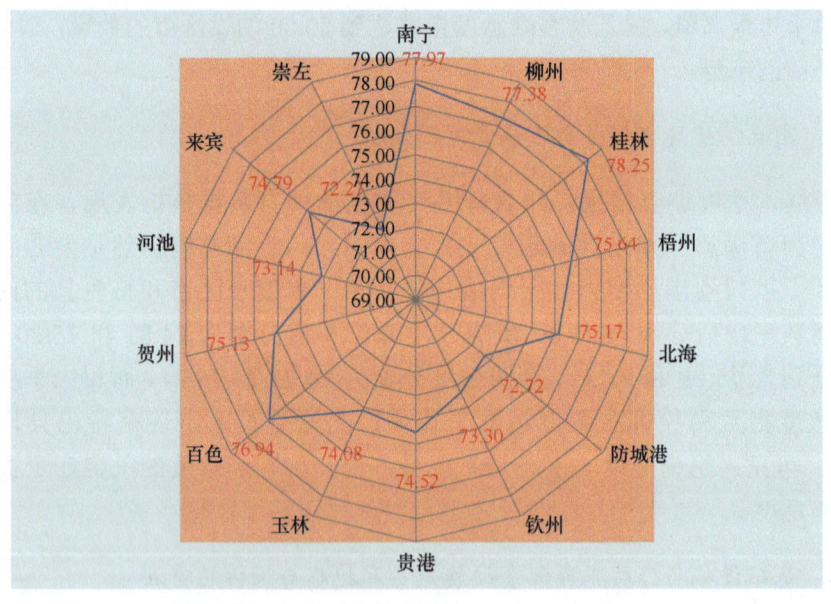

图 5-9 2017 年广西设区市问卷满意度指数比较

图 5-10 表明,2017 年各设区市的舆情满意度总体处于"非常满意"水平,年度均值为 91.69,各设区市舆情满意度指数在 90.27～92.38 分布,差距相对较小。

图 5-11 表明,2017 年各设区市的投诉满意度总体处于"满意"水平,年度均值为 88.20,仅有百色的 90.77 超过"非常满意"的最低下限值。

图 5-12 表明,2017 年游客满意度总体达到"满意"水平,但年度均值偏低,

仅为 81.03，玉林、河池的 79.94 和 79.49 接近"满意"水平。崇左的 79.05 距离"满意"水平还差 1 个百分点。其他设区市游客满意度指数值也仅仅在 80.00～83.00 浮动，因此各设区市距离整体上达到"非常满意"水平还有很大的提升空间。

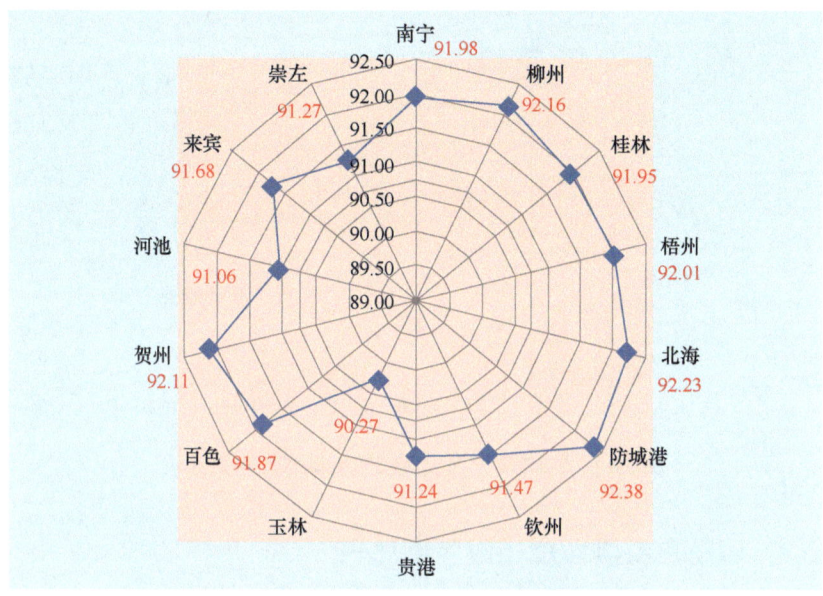

图 5-10　2017 年广西设区市舆情满意度指数比较

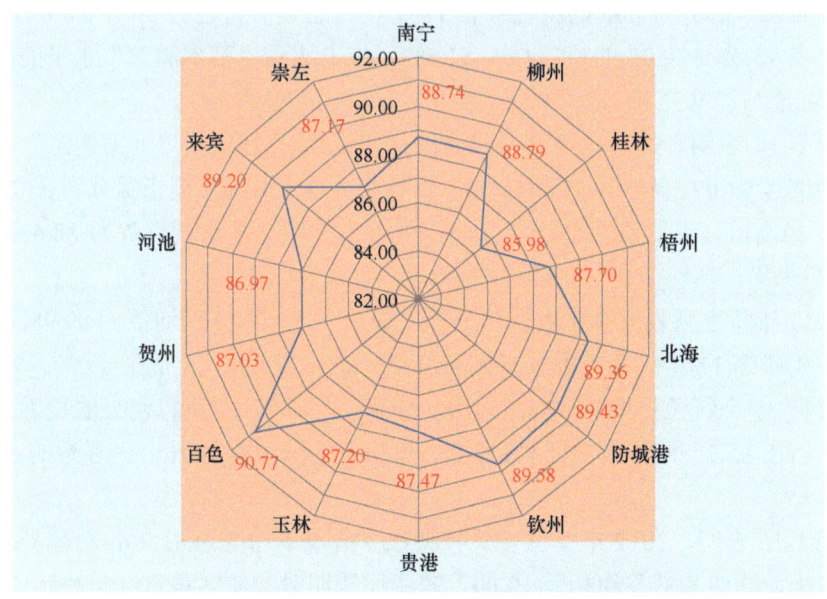

图 5-11　2017 年广西设区市投诉满意度指数比较

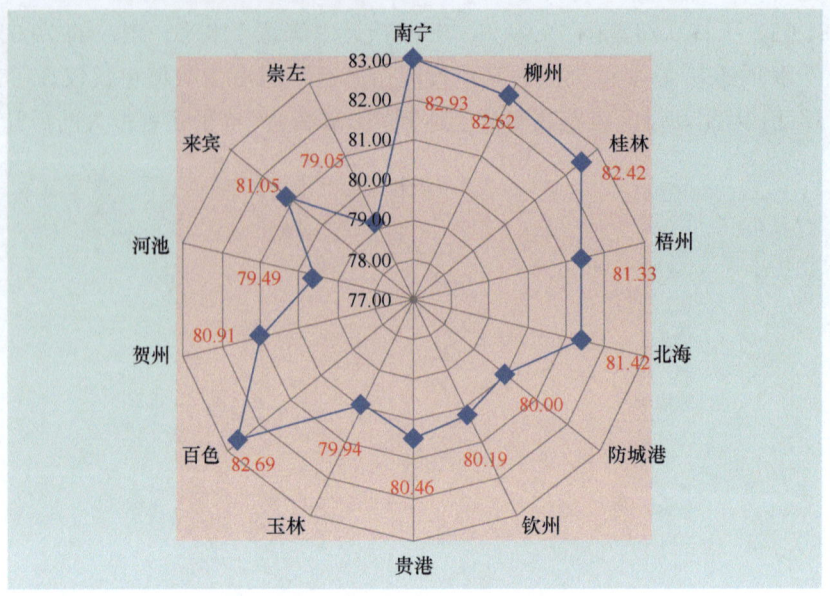

图 5-12　2017 年广西设区市游客满意度指数比较

5.5.2　各特色县满意度指数年度比较

2017 年特色县问卷满意度总体处于"基本满意"水平，年度均值为 75.44。指数分布在 70.00~75.00 的特色县有 11 个，占总调查特色县 33 个的 33.3%，指数分布在 75.00~79.00 的特色县占 51.5%。尚未达到"基本满意"水平的仅有合山的 69.85 与鹿寨的 69.68，不过也均接近 70.00，见图 5-13。

图 5-14 表明，2017 年特色县舆情满意度指数总体处于"非常满意"水平，年度均值达 91.67。除合山外，其他 32 个特色县的舆情满意度指数分布在 90.10~93.87，最高值与最低值相差不到 4.00，仅合山的舆情满意度指数为 88.63，处于"满意"水平。

2017 年特色县投诉满意度总体处于"满意"水平，年度均值为 89.98。龙州、北流、凭祥等 17 个特色县的投诉满意度指数超过 90.00，分布在 90.08~94.64，占总调查 33 个特色县的 51.5%；靖西、桂平、上林等 16 个特色县的投诉满意度指数分布在 85.2~89.84。处于 90 左右、相差 1 的城市有 14 个，占总数的 42.4%，见图 5-15。

图 5-16 表明，2017 年特色县游客满意度指数平均值为 81.96，总体处于"满意"水平，峰值和低谷约相差 10.00，差距比较明显。游客满意度指数超过 85.00 的仅有恭城，为 86.62，约高出第二名 2.00。游客满意度指数分布在 80.00~85.00 的特色县有 27 个，占总数的 81.8%。尽管总体达到"满意"水平，但仍然有涠洲

岛、东兴、北流、鹿寨与合山5个特色县游客满意度低于"满意"水平的下限，处于"基本满意"水平。

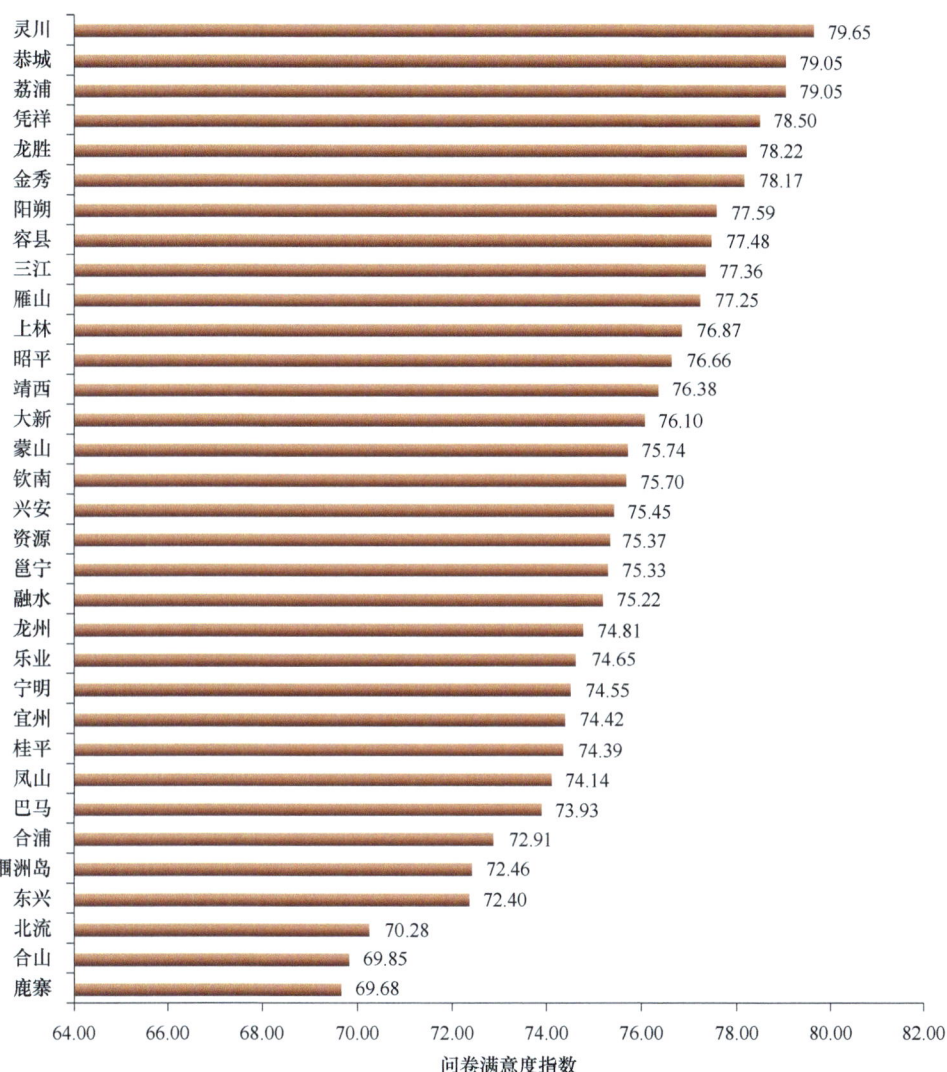

图 5-13　2017 年广西特色县问卷满意度指数比较

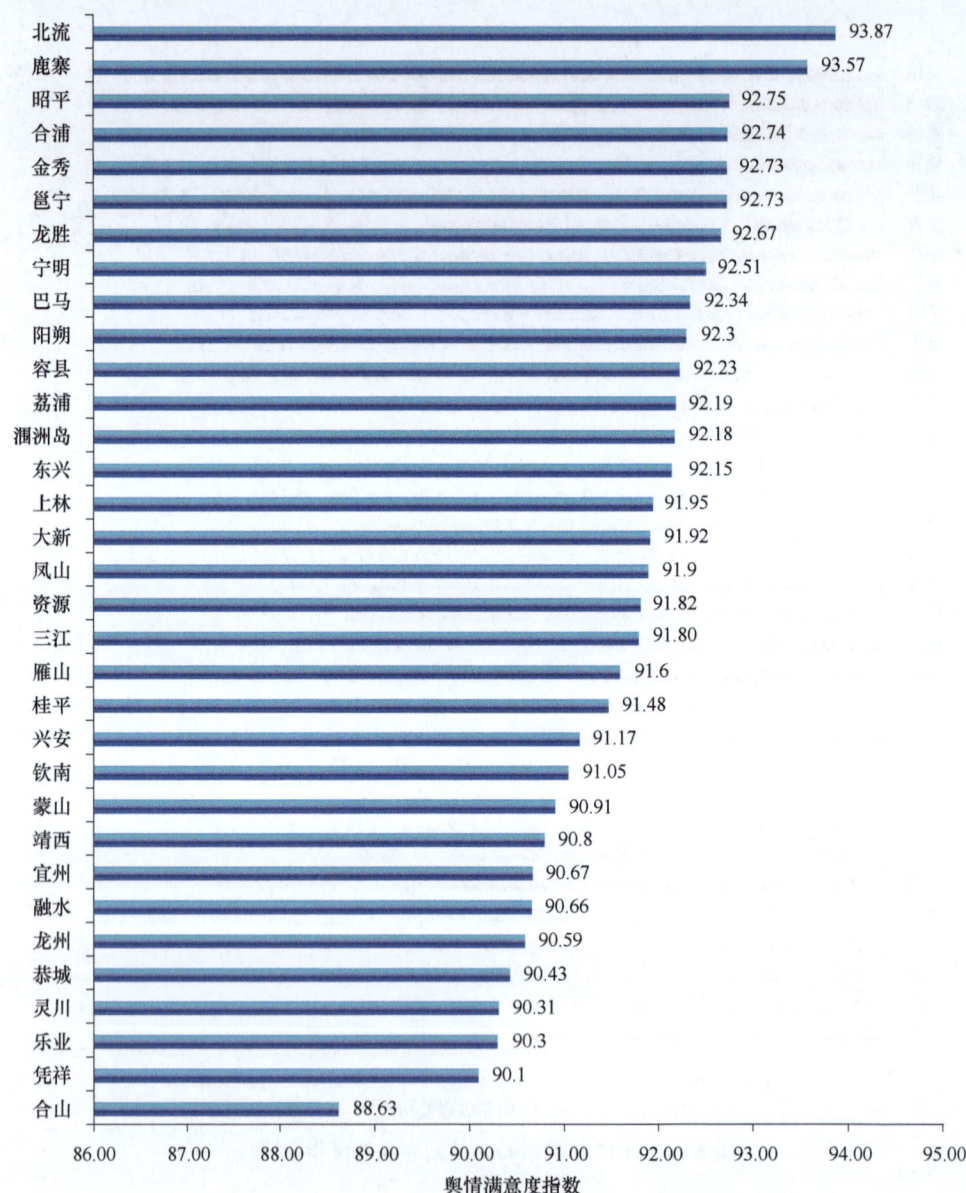

图 5-14　2017 年广西特色县舆情满意度指数比较

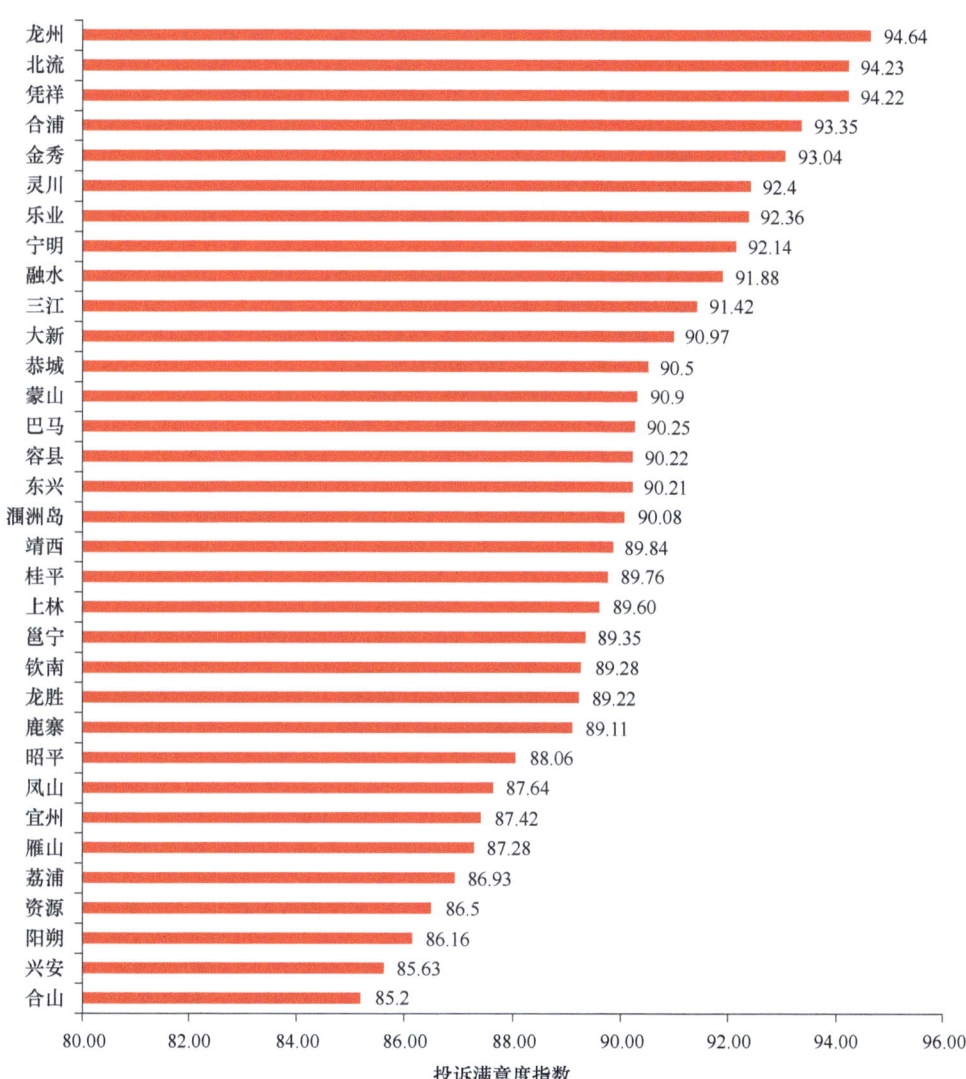

图 5-15　2017 年广西特色县投诉满意度指数比较

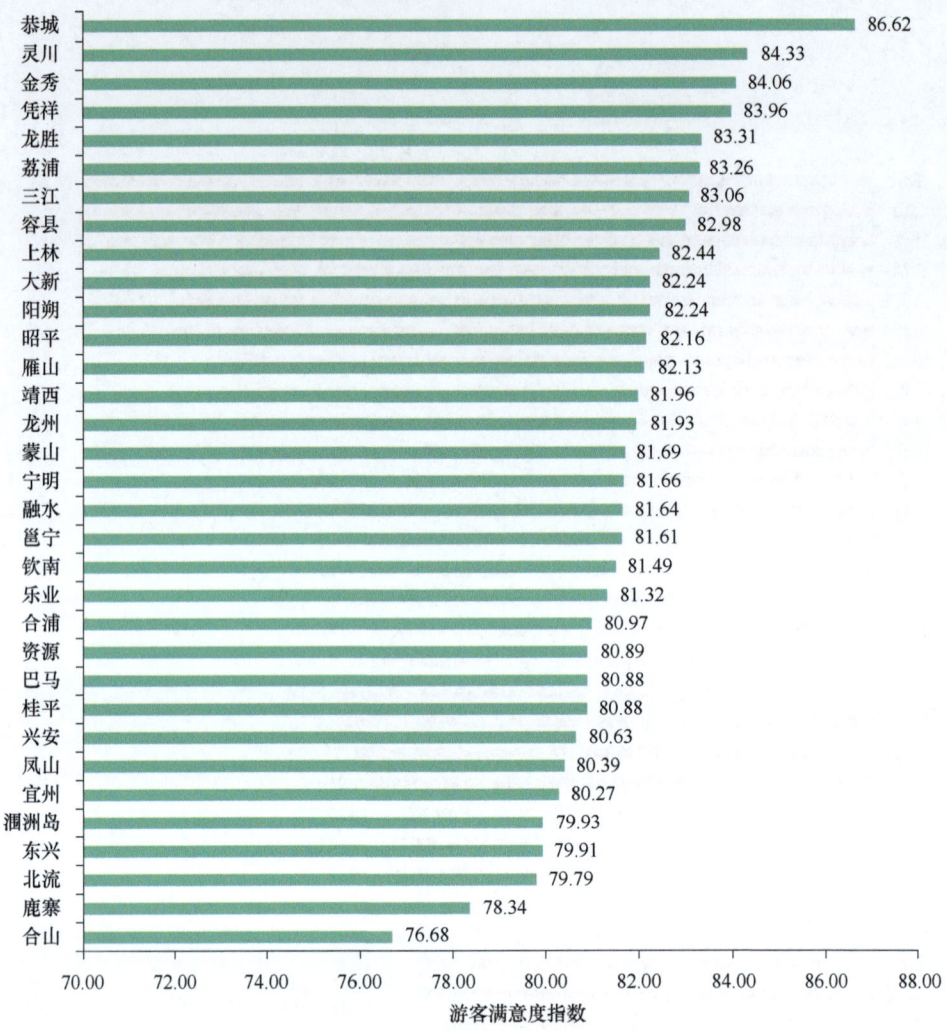

图 5-16 2017 年广西特色县游客满意度指数比较

5.6 2017 年工作相关建议

1. 政府主导，从"大旅游"理念出发认知游客满意度工作

各地政府和有关部门要树立"旅游即生活，居民即游客，游客即居民"的"大旅游"理念，并付诸实际行动，确保游客、居民、旅游从业人员等各方权益得到保障，各利益相关方达到和谐共处，实现共建共享，为提升游客满意度水平打下坚实基础。

2. 加强城市建设和管理,提升公共行业服务水平

加快智慧城市建设,加强政府与游客的信息沟通,让游客及时了解政府的战略决策及行动计划,减少游客对当地政府的偏见或误解。旅游建设时期重视综合管理与精细服务,提升服务质量。

整合资源,优化公共行业服务模式。公共行业服务水平的提升需要大量的人力、物力和财力,对于广西多数特色县而言,资金是最大的问题,为此需要采取多种渠道筹集建设资金,包括采用PPP模式引入社会资本等。

3. "问卷-舆情-投诉"三管齐下抓好游客满意度提升工作

按照《广西游客满意度调查项目》,游客满意度由问卷满意度、舆情满意度和投诉满意度三大项构成。由调查结果可知,提升三大满意度的具体措施如下:一是从城市建设和管理、公共行业服务、旅游窗口服务、特色旅游开发等方面入手,抓好创建工作,提高问卷满意度;二是积极开展正面宣传,占领网络宣传阵地,提高舆情满意度;三是认真处理游客的投诉,减少游客抱怨,提升投诉满意度;四是针对问题开展专项行动,同时,聚焦特色品牌、构建文明体系、打造"安洁净美"环境等;五是重视游客满意度水平的波动,精准施策,促进其稳定提升,防微杜渐,发现本季度游客满意度有下降苗头就要立即采取措施,而不要等满意度下降很严重后才采取措施。

第6章　2018年广西游客满意度调查

6.1　第一季度游客满意度调查

至2017年底广西已建成特色县20个，分别是第一批的阳朔、兴安和东兴；第二批的龙胜、金秀和凭祥；第三批的上林、钦南、容县、大新、三江、巴马和宜州；第四批的桂平、昭平、荔浦、涠洲岛、靖西、融水和蒙山。本季度全区游客满意度调查对象与2017年第四季度相同，为47个调查单位，即包括南宁、柳州、桂林等14个设区市、上述20个已建成的特色县和13个仍在创建的特色县。13个仍在创建的特色县分别是邕宁、鹿寨、资源、雁山、恭城、灵川、合浦、北流、乐业、凤山、合山、龙州、宁明。

6.1.1　总体情况

本季度广西14个设区市的游客满意度指数平均值为80.94，与2017年第四季度的80.72相比提高了0.22，提升幅度为0.27%。本季度广西33个特色县的游客满意度指数平均值为81.74，与2017年第四季度的81.93相比略有下降，下降了0.19，下降幅度为0.23%。本季度设区市游客满意度指数最高的是柳州（83.87），最低的是崇左（78.87）；特色县游客满意度指数最高的是恭城（85.28），最低的是鹿寨（78.01）。

从问卷满意度、舆情满意度、投诉满意度三大构成项来看，14个设区市本季度问卷满意度指数平均值为74.92，与2017年第四季度的74.73相比上升了0.19；舆情满意度指数平均值为92.19，与上季度的91.60相比上升了0.59；投诉满意度指数平均值为87.74，与上季度的87.81相比下降了0.07。33个特色县本季度问卷满意度指数平均值为75.47，与上季度的75.74相比下降了0.27；舆情满意度指数平均值为91.95，与上季度的91.68相比上升了0.27；投诉满意度指数平均值为90.32，与上季度的90.75相比下降了0.43。

6.1.2　基本分析

在14个设区市中，游客满意度达到"满意"水平的有8个，它们分别是柳州、北海、南宁、桂林、贵港、玉林、梧州和百色，其余6个设区市的游客满意度均处于接近"满意"水平的"基本满意"等级。尽管与2017年第四季度相比，

14个设区市本季度游客满意度指数平均值提高了0.22，但本季度达到"满意"水平的设区市数量减少了3个，即由上季度的11个下降到本季度的8个，减少数量占总数的21.43%。游客满意度指数平均值有所提高，而达到"满意"水平的设区市数量明显减少，说明本季度14个设区市之间的游客满意度指数差距有所加大。

在33个特色县中，游客满意度达到"满意"水平的有27个，它们分别是恭城、金秀、荔浦、雁山、灵川、龙胜、蒙山、涠洲岛、宁明、阳朔、兴安、容县、昭平、合浦、凭祥、邕宁、上林、大新、融水、桂平、宜州、资源、三江、乐业、东兴、靖西、巴马，其余6个特色县的游客满意度处于"基本满意"水平。与2017年第四季度相比，本季度游客满意度达到"满意"水平的数量由上季度的29个减少到27个。游客满意度指数平均值略有下降，达到"满意"水平的特色县数量也有所减少，说明与2017年第四季度相比，本季度特色县的游客满意度整体水平有所下降。

在14个设区市中，本季度达到"满意"水平的设区市数量百分比为57.14%，上季度达到"满意"水平的设区市数量百分比为78.57%；在33个特色县中，本季度达到"满意"水平的特色县数量百分比为81.81%，上季度达到"满意"水平的特色县数量百分比为87.88%。可以看出：①总体来看，设区市达到"满意"水平的数量百分比比特色县低；②2017年第四季度与2018年第一季度相比，设区市之间的游客满意度指数变化比特色县在这两个季度之间的变化大。换言之，设区市的游客满意度水平相对来说更加不稳定。

本季度设区市问卷满意度指数平均值、舆情满意度指数平均值和投诉满意度指数平均值分别为74.92、92.19、87.74，特色县问卷满意度指数平均值、舆情满意度指数平均值和投诉满意度指数平均值分别为75.47、91.95、90.32；而2017年第四季度设区市的三大构成项相应值分别为74.73、91.60、87.81特色县的三大构成项相应值分别为75.74、91.68、90.75。由此可见，从总体上看，特色县的问卷满意度指数和投诉满意度指数要比设区市高。尽管总体上游客对特色县的满意度稍高，但它们在网络上对特色县的负面评论要比对设区市的稍多。

6.1.3 主要问题

自2016年广西推进国家全域旅游示范区和广西特色旅游名县"双创双促"工作以来，"双创双促"工作已取得显著成效。广西壮族自治区旅游发展委员会网站公布的数据表明：2016年，26个广西特色旅游名县（含创建县）共接待游客1.17亿人次,同比增长26.48%,实现旅游总消费1193.68亿元,同比增长38.99%。广西凭借着其得天独厚的旅游资源条件，抓住了全国旅游业发展的大好形势和有利时机，正在朝着建设旅游强区的目标奋力前行。要建设旅游强区，游客对广西的旅游满意才是关键。

通过对 2018 年第一季度游客满意度调查数据进行分析，并结合近三年来广西游客满意度调查结果，发现影响广西游客满意度提升的主要因素是旅游基础设施和公共服务设施、优质旅游产品供给及旅游管理与服务水平。为此，今后必须在这几个方面下大工夫。

1. 完善旅游基础设施和公共服务设施，满足广西游客旅游的基本需求

综合来看，游客对广西旅游抱怨与投诉的重点之一是旅游基础设施和公共服务设施方面。具体内容包括：交通道路不够通畅，标识牌不够清楚明白，一些景区道路泥泞，一些乡村旅游区（点）的道路难以错车；一些城区可供休息的空间少，绿地面积少，缺乏休闲设施；一些城区或景区 Wi-Fi 覆盖率低、手机信号弱；一些县城酒店设施陈旧，旅游咨询中心难找；不少城区与景区停车场和停车位不够，缺少汽车旅游营地等。

2. 扩大产业规模，强化优质产品供给，满足广西游客对产品的多样需求

综合来看，近年来游客对广西旅游抱怨与投诉的另一个重点是旅游产品供给方面，具体体现在旅游产品数量、种类和品质三个方面。一些游客认为，广西各地的旅游资源非常丰富，但除了桂林和北海等几个旅游业发展较成熟的地区外，不少地区特别是特色县的旅游产品数量少、类型单一、同质化现象比较严重，如多数农家乐缺乏特色，不少地方建同样的"花海"等；一些特色县甚至没有一个国家 AAAA 级旅游景区。并且还有游客反映，广西一些过去旅游业发展较成熟的地区已出现开发落后、产品层次低、优质产品少、缺乏旅游品牌打造等问题。

3. 强化科学管理，提供智慧服务，满足广西游客的个性化旅游服务需求

我国即将进入全域旅游和大众旅游时代，旅游者对旅游服务的要求更多、更高、更有特色。强化科学管理，提供智慧服务，满足游客个性化旅游服务需求是提升广西游客满意度的又一重要途径。近年来，通过调查发现，不时有游客抱怨广西一些县（区、市）的旅游管理工作做得不到位，大到节假日游客分流，小到黄金周，一些景区的秩序维护都存在较多问题。

6.2 第二季度游客满意度调查

2018 年第二季度广西游客满意度调查对象和调查范围与上季度相同，共调查了 47 个单位，包括南宁等全区 14 个设区市和阳朔等 20 个已建成的特色县，以及

13个仍在创建的特色县。

6.2.1 总体情况

本季度广西14个设区市的游客满意度指数平均值为81.40，与上季度的80.94相比提高了0.46，提升幅度为0.57%。本季度广西33个特色县的游客满意度指数平均值为81.23，与上季度的81.74相比有所下降，下降了0.51，下降幅度为0.62%。本季度，设区市游客满意度指数最高的仍然是柳州（84.30），最低的仍然是崇左（78.35）；特色县中，游客满意度指数最高的是金秀（84.14），最低的是合山（75.94）。

6.2.2 基本分析

1. 设区市游客满意度水平与第一季度相比有所提高，各设区市排名有所变化

本季度14个设区市游客满意度指数平均值比第一季度整体提高了0.57%，并且各设区市排名除第1名和第14名没有变化仍然分别是柳州和崇左外，第2至第13名的排名均有所变化。例如，上季度第2至第6名分别是北海、南宁、桂林、贵港和玉林，本季度分别变化为桂林、百色、南宁、梧州和贵港。这说明各设区市的游客满意度水平各季度动态变化较明显。

2. 设区市游客满意度达到"满意"水平的有10个市，与上季度相比有所增加

上季度游客满意度达到"满意"水平的8个设区市是：柳州、北海、南宁、桂林、贵港、玉林、梧州和百色；本季度游客满意度达到"满意"水平的10个设区市是：柳州、桂林、百色、南宁、梧州、贵港、河池、北海、钦州和贺州。可见，本季度达到"满意"水平的设区市减少了玉林，增加了河池、钦州和贺州。这进一步说明各设区市游客满意度水平在各季度的不稳定性。

3. 特色县游客满意度指数与第一季度相比有所下降，各特色县排名变化较大

本季度特色县游客满意度指数与上季度相比整体下降了0.62%，并且各特色县的排名变化较大。例如，上季度游客满意度指数排在第1至第10名的特色县依次是：恭城、金秀、荔浦、雁山、灵川、龙胜、蒙山、涠洲岛、宁明和阳朔，而本季度排在前10名的特色县依次变为：金秀、宁明、龙胜、蒙山、灵川、上林、容县、合浦、荔浦、邕宁。

4. 游客满意度指数达到"满意"水平的特色县数量减少，问卷满意度和投诉满意度低是主因

在本季度 33 个特色县中，游客满意度达到"满意"水平的只有 25 个，比上季度减少了 2 个，其主要原因是问卷满意度指数和投诉满意度指数下降明显。33 个特色县在本季度的问卷满意度指数平均值为 74.95，与上季度的 75.47 相比下降了 0.52，下降幅度为 0.69%；投诉满意度指数平均值为 89.57，与上季度的 90.32 相比下降了 0.75，下降幅度达 0.83%。

5. 设区市游客满意度指数有所上升而特色县有所下降，特色县受季节影响较大

本季度设区市与上季度相比游客满意度指数提高了 0.46，达到"满意"水平的单位数也增加了 2 个，而特色县与上季度相比游客满意度指数下降了 0.51，达到"满意"水平的单位数也减少了 2 个。其主要原因之一可能是 4~6 月是广西的雨季，一些特色县交通道路等基础设施和旅游服务设施受此影响较大，造成游客满意度有所降低，而设区市的交通道路等基础设施和旅游服务设施受雨季影响小，因而没有对游客满意度造成不利影响。

6. 设区市和特色县游客满意度指数三大项二级指标与上季度相比有升有降，但舆情满意度指数均有所降低

从二级指标看，设区市问卷满意度指数平均值为 75.33，与上季度相比上升了 0.41；舆情满意度指数平均值为 91.57，与上季度相比下降了 0.62；投诉满意度指数平均值为 89.41，与上季度相比提高了 1.67。33 个特色县本季度问卷满意度指数平均值为 74.95，与上季度相比下降了 0.52；舆情满意度指数平均值为 91.76，与上季度相比下降了 0.19；投诉满意度指数平均值为 89.57，与上季度相比下降了 0.75。可见，无论是设区市还是特色县的舆情满意度指数均有所下降，说明舆情满意度不容忽视。

6.2.3 主要问题

（1）整体而言，与上季度相比，设区市游客满意度水平有所提高，而特色县有所降低。

（2）与上季度相比，无论是设区市还是特色县游客满意度排名均有所变化，并且少数县（区、市）排名变化较大。

（3）游客满意度受外在因素影响大，雨季道路泥泞等因素便可能导致游客满意度降低。

（4）问卷满意度相对稳定，舆情满意度和投诉满意度相对脆弱。

（5）广西游客满意度总体水平仍然不高，游客满意度提升工作任重而道远。

6.3 第三季度游客满意度调查

6.3.1 总体情况

7～9月是广西的旅游旺季，各地接待游客的数量增多，其对游客满意度也产生了一定影响。

本季度广西14个设区市的游客满意度指数平均值为81.40，与上季度持平。本季度广西33个特色县的游客满意度指数平均值为81.64，与上季度的81.23相比有所提高，提高了0.41，提升幅度为0.50%。

本季度，设区市游客满意度指数最高的是南宁，为83.90，但其与上季度最高的柳州（84.30）相比，降低了0.40；本季度，设区市游客满意度指数最低的是防城港，为78.71，其与上季度最低的崇左（78.35）相比提高了0.36。

本季度，特色县游客满意度指数最高的是灵川，为85.44，其与上季度游客满意度指数最高的金秀相比提高了1.30；本季度游客满意度指数最低的仍然是合山（75.89），与其上季度的75.94相比降低了0.05。

6.3.2 基本分析

1. 设区市游客满意度指数平均值与第二季度持平，但最高值与最低值差距缩小

本季度14个设区市游客满意度指数平均值与第二季度持平，均为81.40。但是本季度游客满意度指数最高为83.90，与最低值78.71的差值为5.19，这与上季度两者的差值5.95相比，缩减了0.76。本季度与第二季度游客满意度指数平均值持平，而最高值与最低值的差距缩小，说明本季度各设区市间的游客满意度水平差距缩小。

2. 设区市游客满意度达到"满意"水平的有11个市，与上季度相比有所增加

上季度游客满意度达到"满意"水平的10个市是：柳州、桂林、百色、南宁、梧州、贵港、河池、北海、钦州和贺州。本季度除上述10个市外，还增加了崇左。崇左本季度游客满意度指数已由上季度的78.35提升到本季度的80.02。这再次说明游客满意度是一个动态指标，一个地方只要狠抓整改工作，游客满意度便会较快得以提升。

3. 特色县游客满意度指数与上季度相比有所提高，各特色县排名变化较大

本季度特色县游客满意度指数与上季度相比整体提高了0.50%，并且各特色县的排名变化较大。例如，上季度游客满意度指数排在第1至第5名的特色县依次是：金秀、宁明、龙胜、蒙山、灵川，而本季度排在第1至第5名的特色县依次是：灵川、蒙山、融水、龙胜和三江。值得一提的是，融水的排名从上季度的第13名提升到本季度的第3名。

4. 特色县游客满意度达到"满意"水平的数量增加，问卷满意度提升是主因

在本季度33个特色县中，游客满意度指数达到"满意"水平的有29个，与上季度的25个相比增加了4个。分析发现，本季度游客满意度指数整体提高主要是问卷满意度指数提高所引起的。本季度33个特色县问卷满意度指数平均值为75.54，与上季度的74.95相比提高了0.59，提高幅度达0.79%。问卷满意度在游客满意度调查中的占比最大，它直接反映了游客对广西旅游的满意程度。

5. 三大项二级指标值与上季度相比，设区市基本无变化，特色县显著提升

从二级指标看，本季度设区市问卷满意度指数平均值与上季度持平，均为75.33；舆情满意度指数平均值为91.18，与上季度相比下降了0.39；投诉满意度指数平均值为89.07，与上季度相比下降了0.34。本季度33个特色县问卷满意度指数平均值与上季度相比提高了0.59，投诉满意度指数平均值提高了1.07，只有舆情满意度指数平均值下降了0.85，说明本季度各特色县创建成效显著，游客满意度二级指标整体在提升。

6. 特色县的多数三级指标值大于设区市，但公共行业服务指标值明显低于设区市

从三级指标看，本季度设区市的总体评价、城市建设和管理、公共行业服务、旅游窗口服务、旅游特色指标的平均值分别为7.56、7.54、7.65、7.46、7.36；特色县对应项平均值分别为7.67、7.73、7.44、7.49、7.39。可见，特色县的总体评价、城市建设和管理、旅游窗口服务、旅游特色指标的平均值均大于特色县的相应值，但公共行业服务指标的平均值明显低于设区市，说明各特色县的公共行业服务水平还需要大力提升。

6.3.3 主要问题

1. 广西游客满意度整体水平仍然不高

本季度 14 个设区市的游客满意度指数平均值为 81.40，33 个特色县的游客满意度指数平均值为 81.64，两者均处于"满意"水平的下限。可见，无论是设区市还是特色县，游客满意度整体水平仍然不高，游客满意度提升工作需要常抓不懈。

2. 各被调查单位游客满意度水平不够稳定

本季度无论是设区市还是特色县，与上季度相比，游客满意度排名均有所变化，并且一些县（区、市）的排名变化较大。例如，上季度游客满意度排名第 1 的金秀，本季度排名下降到第 8 名；而上季度排名第 13 名的融水本季度排名提升到第 3 名。可见，游客满意度是一个动态指标，受外在因素影响大，需要常抓不懈才能保证其稳定与提升。

3. 特色县公共行业服务水平明显不高

如前所述，第三季度特色县的公共行业服务指标值明显低于设区市。上季度的情况亦是如此，2018 年第二季度设区市公共行业服务指标值为 7.72，特色县公共行业服务指标值为 7.51，也明显低于设区市。可见，各特色县，特别是特色旅游名县创建县，需要加强公共服务配套设施建设，进一步为游客提供良好的公共服务环境。

6.4 第四季度游客满意度调查

第四季度广西游客满意度调查对象和调查范围与第三季度相比有了较大的变化，调查单位总数由上季度的 47 个增加到本季度的 62 个。其中，南宁、柳州和桂林等 14 个设区市没有变化，但是新增加了 15 个广西特色旅游名县创建县（简称"创特县"）和全域旅游示范区创建县（简称"创域县"），"创特县"和"创域县"简称为"双创县"。新增的这 15 个"双创县"是：青秀、兴宁、马山、城中（即柳州市城中区、简称城中）、永福、秀峰、海城、港北、平南、玉州、平果、凌云、南丹、武宣、忻城。

6.4.1 总体情况

本季度广西 14 个设区市的游客满意度指数平均值为 81.61，与上季度的 81.40 相比提高了 0.21。本季度广西 48 个特色县和"创域县"的游客满意度指数平均值为 81.77，与上季度的 81.64 相比有所提高，提高了 0.13。

本季度，设区市游客满意度指数最高的是柳州，为 83.21；但其与上季度最高的南宁（83.90）相比，下降了 0.69。本季度，设区市游客满意度指数最低的仍然是防城港，为 80.19，但与其上季度的 78.71 相比，提高了 1.48，提升幅度达 1.88%。

本季度，特色县和"创域县"游客满意度指数最高的是柳州城中区，指数为 86.28，其与上季度游客满意度指数最高的灵川（85.44）相比提高了 0.84。本季度游客满意度指数最低的特色县和"创域县"仍然是合山（77.42），但与其上季度的 75.89 相比，提高了 1.53，提升幅度达 2.02%。

1. 各设区市四个季度满意度指数变化趋势

图 6-1 表明，各设区市 2018 年问卷满意度指数平均值为 75.39，总体处于"基本满意"水平。从图 6-1 中可见，南宁、柳州、桂林、北海、贵港各季度浮动不大，相对稳定，各季度指数基本在 76.00 以上。防城港、崇左两市单季度相对较低，前者第二季度 71.60 为 14 个设区市第二季度最低值，后者第一季度 70.67 为 14 个设区市第一季度最低值。

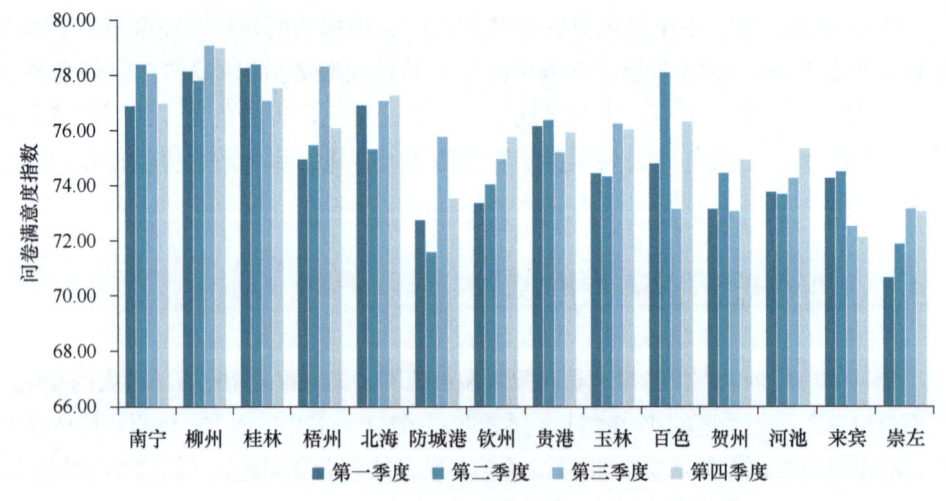

图 6-1　2018 年广西设区市问卷满意度指数各季度比较

图 6-2 表明，各设区市 2018 年舆情满意度指数平均值为 91.58，总体处于"非常满意"水平，但各季度峰值并不高，峰值较高的仅仅为北海第四季度的 93.97。由图 6-2 还可见，玉林（第三、第四季度）、河池（第三季度）、崇左（第三、第四季度）舆情满意度尚未达到"非常满意"水平，但最大差距仅有 0.81。

图 6-3 表明，各设区市 2018 年投诉满意度指数平均值为 88.91，总体处于"满意"水平，但各季度变化参差不齐。即使本市不同季节之间，变化也有高有低，如

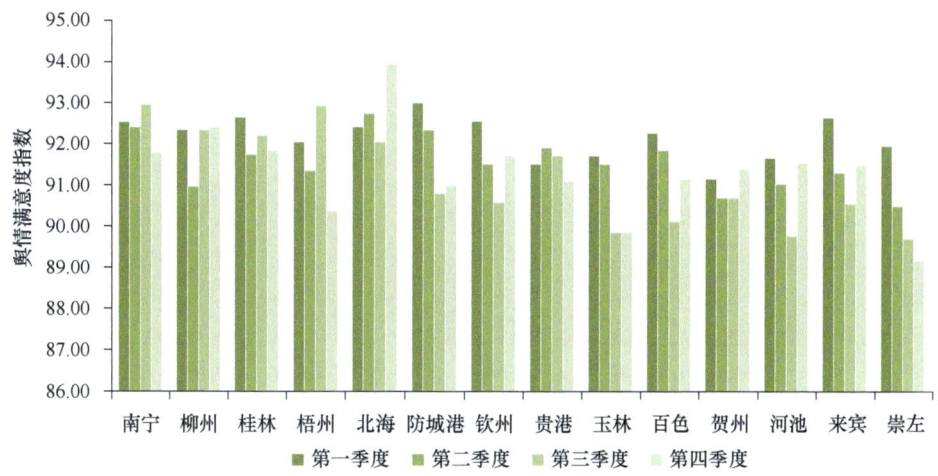

图 6-2 2018 年广西设区市舆情满意度指数各季度比较

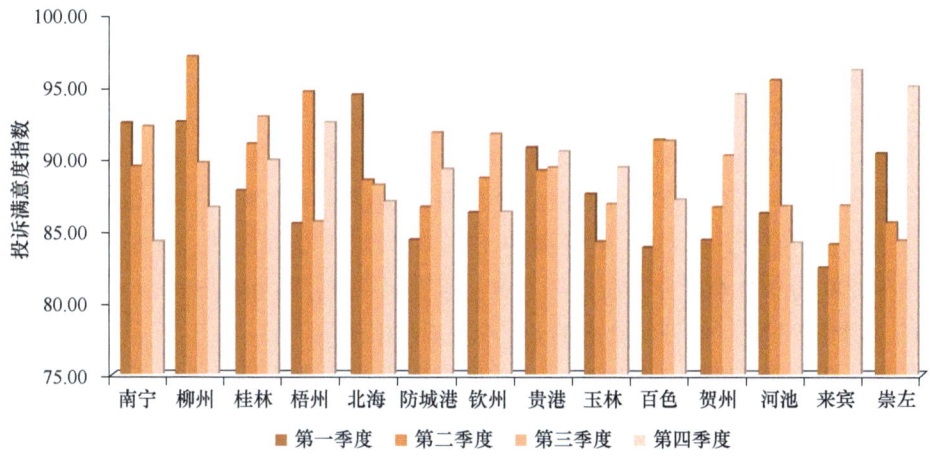

图 6-3 2018 年广西设区市投诉满意度指数各季度比较

来宾，第一、第四季度之间竟相差 13.69。柳州投诉满意度指数较高，第二季度 97.07 是年度高峰值，且柳州也是唯一一个年度均值超过 90.00 达到"非常满意"水平的城市。

图 6-4 表明，各设区市 2018 年游客满意度指数平均值为 81.33，总体处于"基本满意"水平。但从图 6-4 中亦可以看出，不同城市中有不同季度尚未达到"满意"水平。据统计，所有设区市的四个季度中，共有 13 个季度未达到 80.00，占全部 56 个季度的 23.20。柳州第二季度是季度最高值，仅有 84.30。

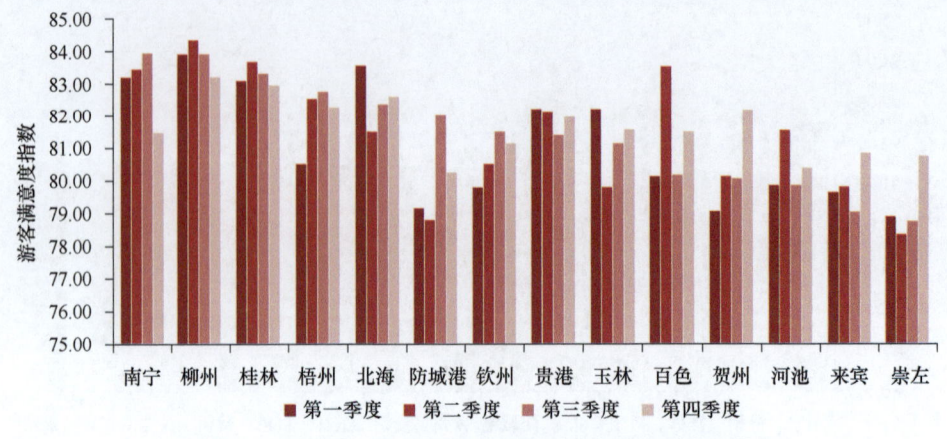

图 6-4　2018 年广西设区市游客满意度指数各季度比较

2. 各特色县四个季度满意度指数变化趋势

图 6-5 表明，2018 年各特色县各季度问卷满意度指数基本在 70.00～80.00 分布，年度问卷满意度指数平均值为 75.35。据统计，仅有 7 个季度指标值低于 70.00，占总季度数 132 的 5.3%，且主要分布在第二、第四季度。

图 6-6 表明，2018 年各特色县各季度舆情满意度指数基本在 90.00 以上分布，低于 90.00 的有 16 个季度，占总数的 12%，涉及 12 个特色县，占 36%，且其中低于 90.00 的 9 个季度分布在第三季度。年度舆情满意度指数平均值达 91.56，高峰值龙胜的 93.89，低谷值合山的 86.56，二者相差达 7.33。

图 6-7 表明，2018 年各特色县各季度投诉满意度指数基本在 90.00 上下浮动，其中低于 90.00 的季度共有 66 个，占总数的 50%，指数在 80.88～89.48 波动，最大相差近 10.00；高于 90.00 的各季度指数在 90.20～98.00 浮动，最大差值近 8.00。其中，蒙山、宁明均有 2 个季度达到 98.00 的峰值，表现突出。投诉满意度指数平均直达 90.36，处于"非常满意"水平。

图 6-8 表明，2018 年各特色县各季度游客满意度指数基本在 80.00 上下浮动，其中低于 80.00 的季度共有 46 个，占总数的 34.8%，各特色县第一季度全部低于 80.00，处于"基本满意"水平，占 46 个季度的 71.7%。其中，合山四个季度均在 80.00 以下；鹿寨、涠洲岛、东兴、凤山四个特色县均有三个季度处于 80.00 以下，处于"基本满意"水平，影响了整个年度的游客满意度指数的提升。年度游客满意度指数平均值为 80.03，处于"基本满意"和"满意"的分界线上。从图 6-8 中可以看出，各特色县各季度游客满意度指数总体差距相对不大。

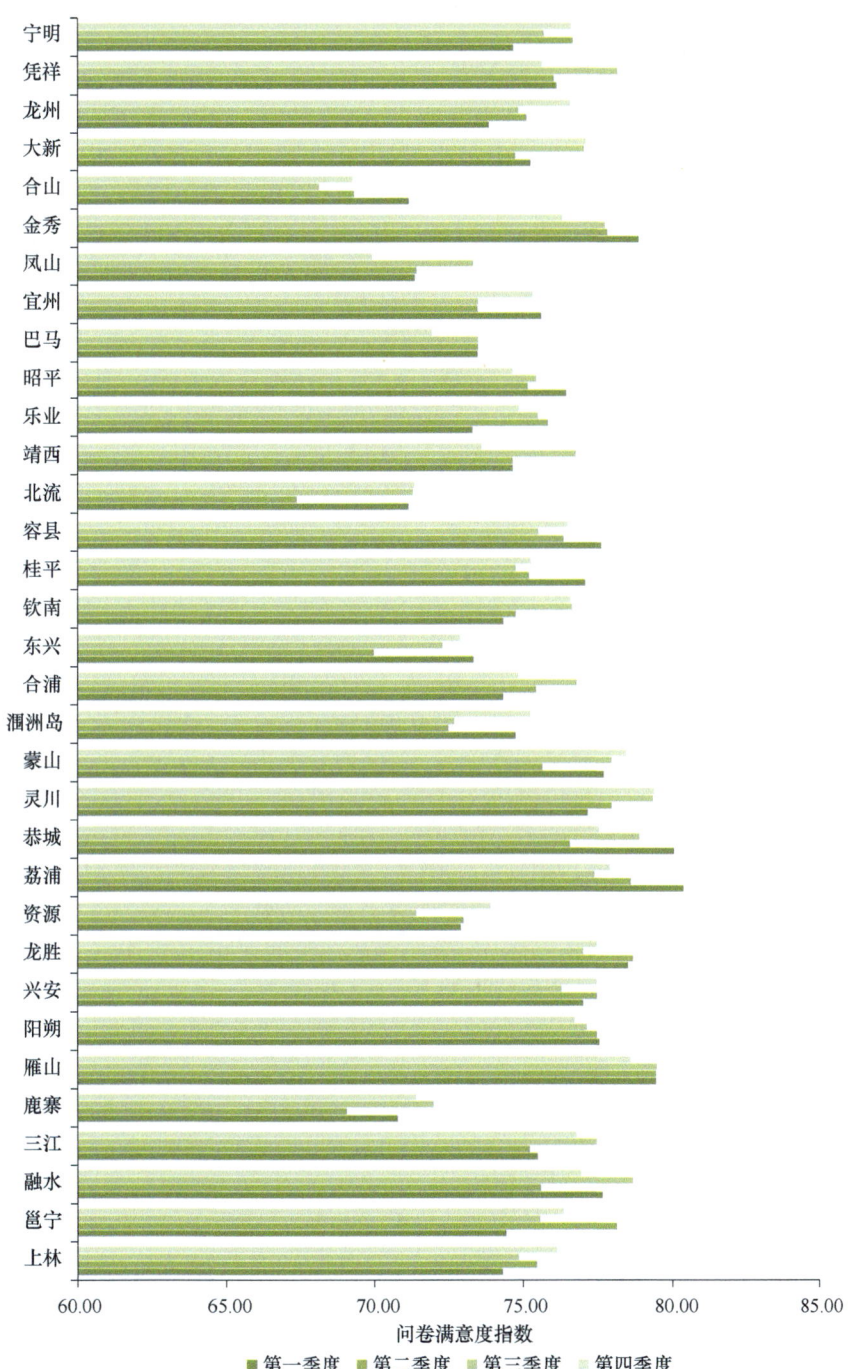

图 6-5 2018 年广西特色县问卷满意度指数各季度比较

注：另外第四季度新加入的 15 个"双创县"，因只有第四季度的指标，
故不在特色县年度分析中出现，另作图表进行分析

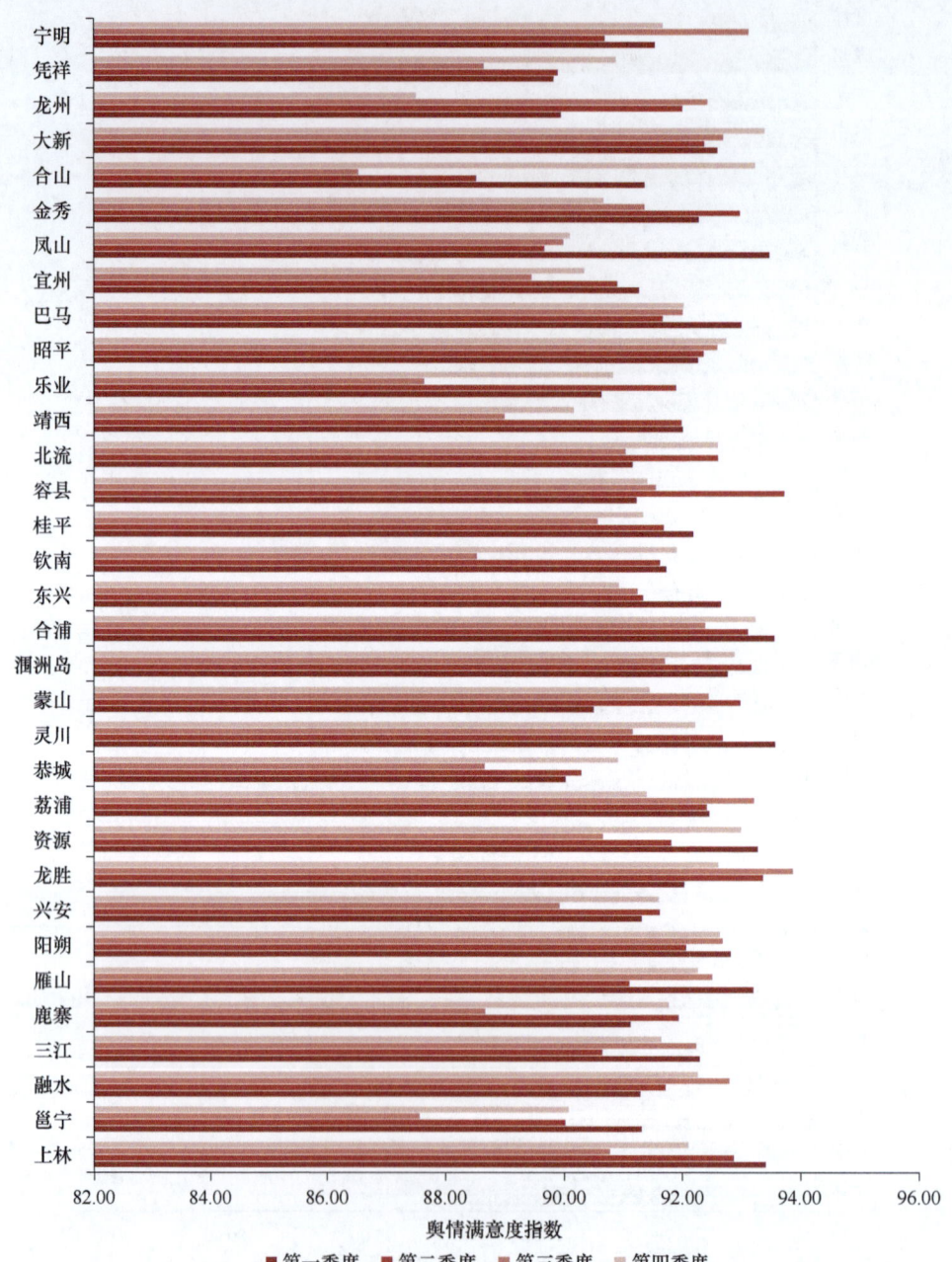

图 6-6 2018 年广西特色县舆情满意度指数各季度比较

注：另外第四季度新加入的 15 个"双创县"，因只有第四季度的指标，故不在特色县年度分析中出现，另作图表进行分析

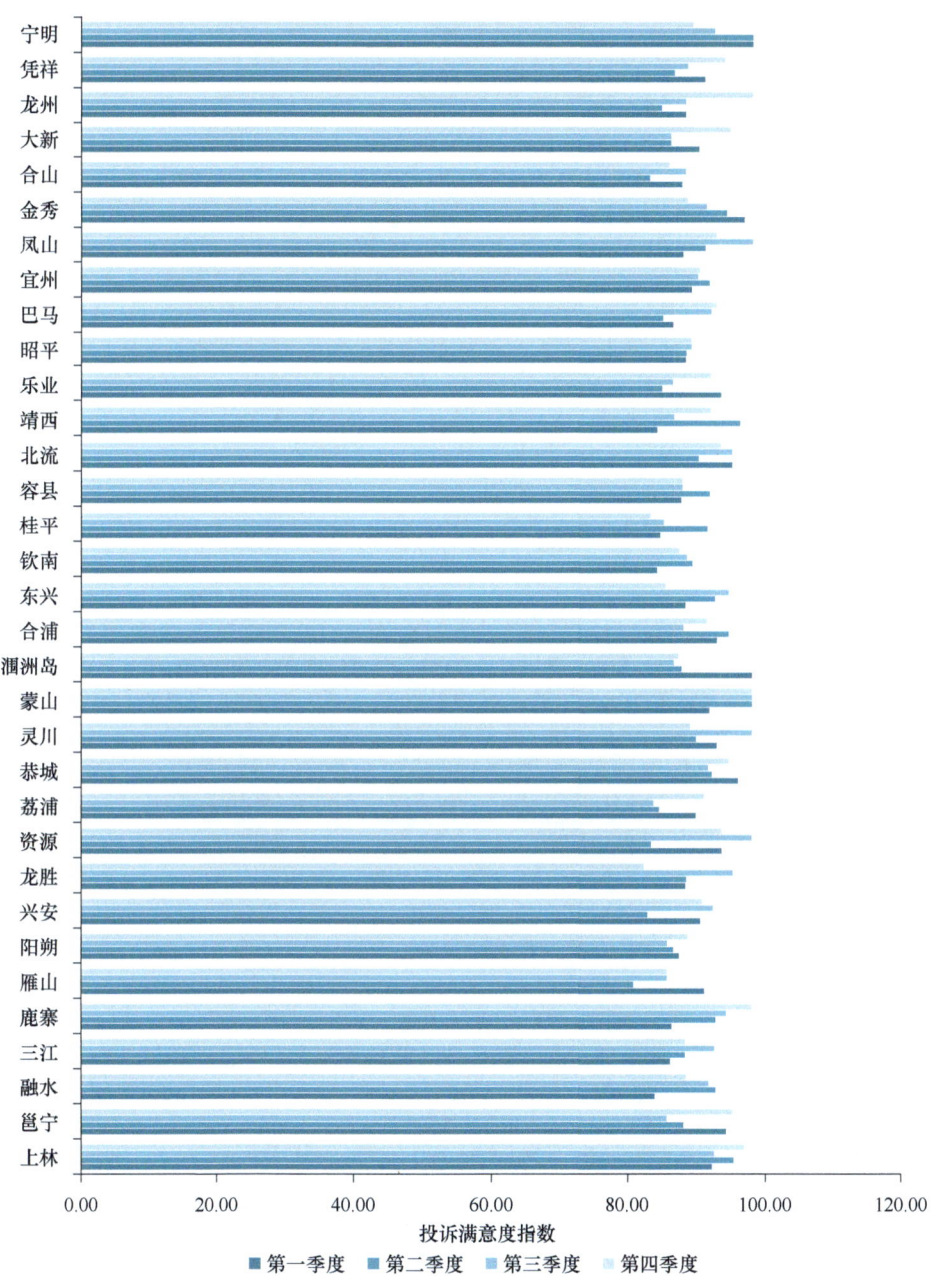

图 6-7 2018 年广西特色县投诉满意度指数各季度比较

注：另外第四季度新加入的 15 个"双创县"，因只有第四季度的指标，
故不在特色县年度分析中出现，另作图表进行分析

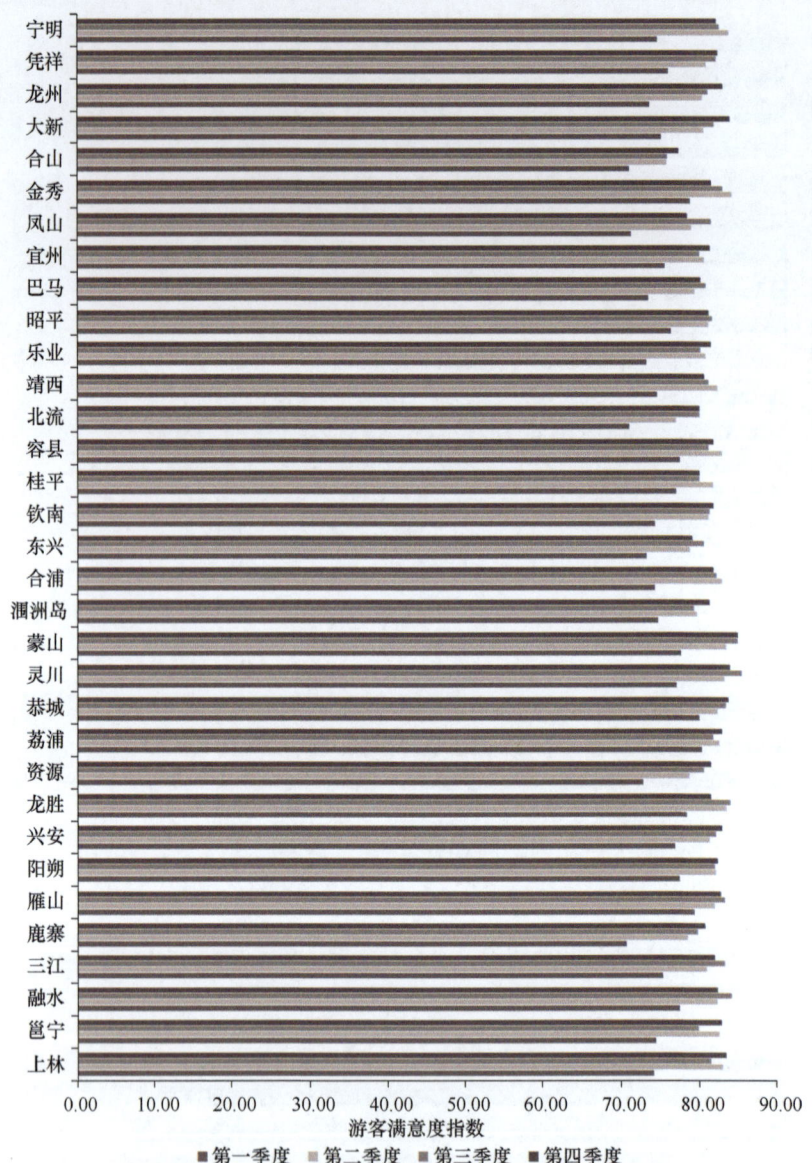

图 6-8 2018 年广西特色县游客满意度指数各季度比较

注：另外第四季度新加入的 15 个"双创县"，因只有第四季度的指标，
故不在特色县年度分析中出现，另作图表进行分析

6.4.2 基本分析

1. 设区市的游客满意度指数首次全部达到"满意"水平

本季度 14 个设区市游客满意度指数平均值与第三季度相比提升了 0.26%。特

别值得一提的是，自 2015 年下半年开展广西游客满意度调查三年半以来，14 个设区市的游客满意度指数本季度首次全部达到 80.00 的"满意"水平；就连连续两个季度游客满意度指数排列最后的防城港在本季度的游客满意度指数也上升到了 80.19。

2. 设区市间的游客满意度水平差距在不断缩小

广西 14 个设区市 2018 年第二季度游客满意度指数最高值与最低值的差值为 5.95，第三季度最高值与最低值的差值为 5.19，第三季度与第二季度相比差值减小了 0.76。而本季度游客满意度指数最高值与最低值的差值仅为 3.02，与第二、第三季度相比，设区市最高值和最低值的差值已大大缩小，说明一些原来游客满意度水平较低的设区市正在急起直追，其游客满意度水平在快速提升。

3. 特色县和"创域县"游客满意度指数与上季度相比又有所提高

本季度特色县和"创域县"游客满意度指数与上季度相比整体提高了 0.16%，并且各特色县和"创域县"的排名情况又有了较大的变化。例如，上季度游客满意度指数排列第 1 至第 5 名的特色县和"创域县"依次是：灵川、蒙山、融水、龙胜和三江，而本季度排列第 1 至第 5 名的特色县和"创域县"依次是：城中、港北、蒙山、秀峰和青秀，只有蒙山仍然保留在前 5 名之内。

4. 特色县和"创域县"游客满意度指数达"满意"水平的比例有所下降

在上季度 33 个特色县中，游客满意度指数达"满意"水平的有 29 个，占调查单位总数的比例为 87.88%。而在本季度 48 个特色县和"创域县"中，游客满意度指数达"满意"水平的有 39 个，占调查单位总数的比例为 81.25%，下降了 6.63 个百分点。通过分析发现，引起本季度游客满意度指数达"满意"水平的比例下降的一个重要原因是新增的 15 个"双创县"满意度水平相对较低，其游客满意度的"满意"水平率仅为 60%。

5. 除个别指标外，三大项二级指标值与上季度相比均有所提升

本季度设区市问卷满意度指数平均值为 75.74，与上季度的 75.33 相比提高了 0.41；舆情满意度指数平均值为 91.36，与上季度的 91.18 相比，提高了 0.18；投诉满意度指数平均值为 89.44，与上季度的 89.07 相比提高了 0.37。本季度 48 个特色县和"创域县"问卷满意度指数平均值为 75.42，与上季度的 75.54 相比下降了 0.12；舆情满意度指数为 91.52，与上季度的 90.91 相比，提高了 0.61；投诉满意度指数为 91.09，与上季度的 90.64 相比，提高了 0.45，说明本季度各特色县和"创域县"

创建成效显著,游客满意度二级指标值整体得到了提升。

6. 新增"双创县"间的游客满意度指数平均值差异显著

在本季度新增的 15 个"双创县"中,游客满意度指数平均值最高的是柳州的城中,指数值为 86.28;而最低的是平果,游客满意度指数平均值只有 78.87,两者相差达 7.41,说明各新增"双创县"的城市建设和管理、公共行业服务、旅游窗口服务、旅游特色挖掘与打造水平参差不齐,不少"双创县"的游客满意度水平还有很大的提升空间。另外,值得一提的是,本季度首次调查的几个城区的游客满意度排名在全区特色县和"创域县"中明显靠前。

6.4.3 主要问题

通过以上分析可知,与第三季度相比,本季度广西游客满意度整体水平有了较大幅度的提升,特别是广西 14 个设区市的游客满意度全部达到"满意"水平。但是经过仔细分析发现,广西游客满意度还存在以下几个方面的问题:

1. 广西游客满意度整体水平仍然有很大提升空间

本季度 14 个设区市的游客满意度指数平均值为 81.61,48 个特色县和"创域县"的游客满意度指数平均值为 81.77,两者仍然处于游客"满意"(80.00~89.99)的下限。可见,无论是设区市还是特色县和"创域县",游客满意度的整体水平仍然不高,游客满意度的工作还需常抓不懈,广西游客满意度水平还有很大的提升空间。

2. 各被调查单位的游客满意度水平不够稳定

与上季度相比,本季度无论是设区市还是特色县和"创域县",游客满意度排名均有所变化,并且一些县(区、市)的排名变化较大。例如,在特色县和"创域县"中,上季度游客满意度排在前五名的 5 个县只有 1 个县保留在前 5 名,其余 4 个县跌至第 6 名以后。可见,游客满意度是一个动态指标,受外在因素影响较大,需要常抓不懈才能保证其稳定与提升。

3. 特色县和"创域县"公共行业服务水平明显低于设区市

2018 年第一至第四季度设区市的公共行业服务指标值分别为 7.47、7.72、7.65、7.59;第一至第三季度的特色县及第四季度的特色县和"创域县"的公共行业服务指标值分别为 7.43、7.51、7.44、7.47。由此可见,第一至第三季度的特色县及第四季度的特色县和"创域县"的公共行业服务指标值均低于相应季度设区市的指标值。这说明各特色县和"创域县"需要加强公共服务配套设施建设,进一步为游客提供良好的公共服务环境。

4. 各特色县与"创域县"的游客满意度不均衡现象明显

从本季度调查结果看,各特色县与"创域县"的游客满意度存在不均衡现象。统计分析发现,所调查的邕宁、青秀、兴宁、城中、雁山、秀峰、海城、钦南、港北、玉州、宜州的游客满意度指数平均值为83.03,其余县(区、市)的游客满意度指数平均值为81.40,后者比前者低了1.63。由此可见,各特色县与"创域县"的游客满意度不均衡现象明显。

5. 提升全区游客满意度

目前,广西共有62个自治区级全域旅游示范区创建单位和19个国家级全域旅游示范区创建单位,县级全域旅游示范区创建单位数占全区县级单位总数的比例达70.27%,这标志着广西旅游进入全域旅游发展时代。进入全域旅游发展时代必须以全域旅游理念强化对旅游市场的监管,改变传统的旅游市场监管模式,变旅游部门单独管理为政府各相关部门齐抓共管。只有这样才能优化旅游市场环境,不断提升当地的游客满意度。

6.5 2018年游客满意度调查情况

6.5.1 各设区市满意度指数年度比较

图6-9表明,2018年问卷满意度总体处于"基本满意"水平,最高值柳州与最低值崇左相差6.32。问卷满意度指数超过75.00的设区市有8个,占总数的57.1%。

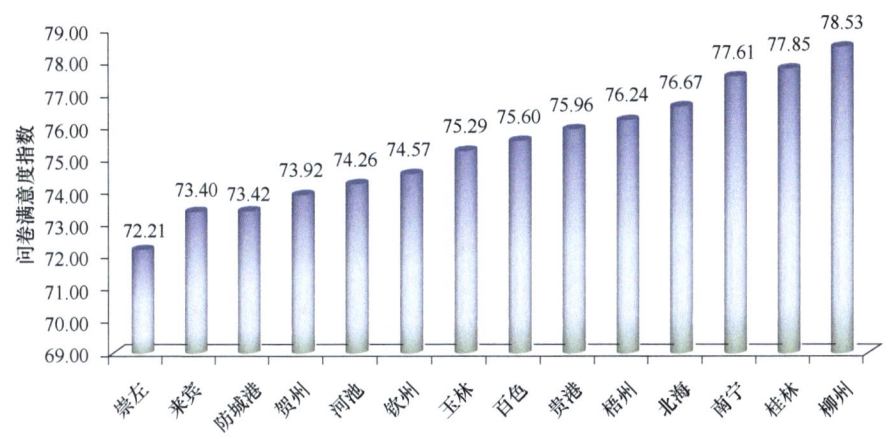

图6-9 2018年广西设区市问卷满意度指数比较

图 6-10 表明，2018 年舆情满意度总体处于"非常满意"水平，各设区市之间最大差距不足 2.50。

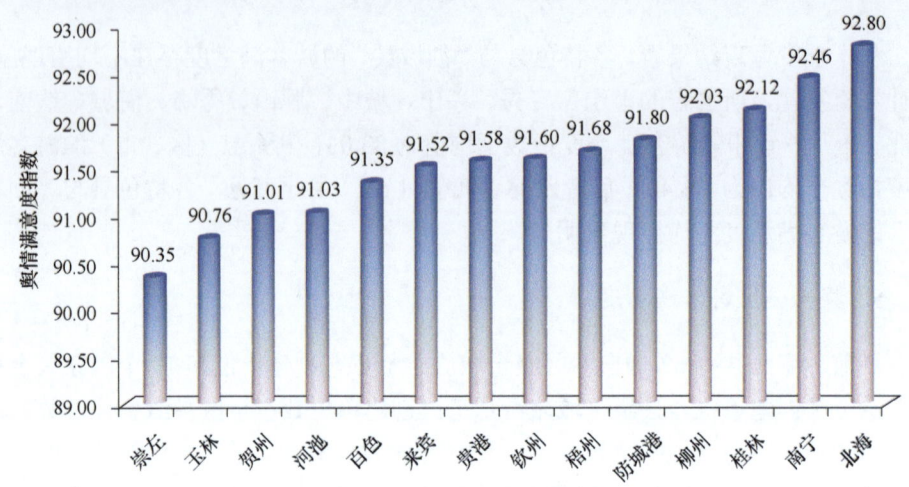

图 6-10　2018 年广西设区市舆情满意度指数比较

图 6-11 显示，2018 年投诉满意度总体处于"满意"水平，年均值达 88.91。柳州、桂林进入"非常满意"水平。其他 12 个设区市在 86.95～89.90 浮动，最大相差不足 3.00。

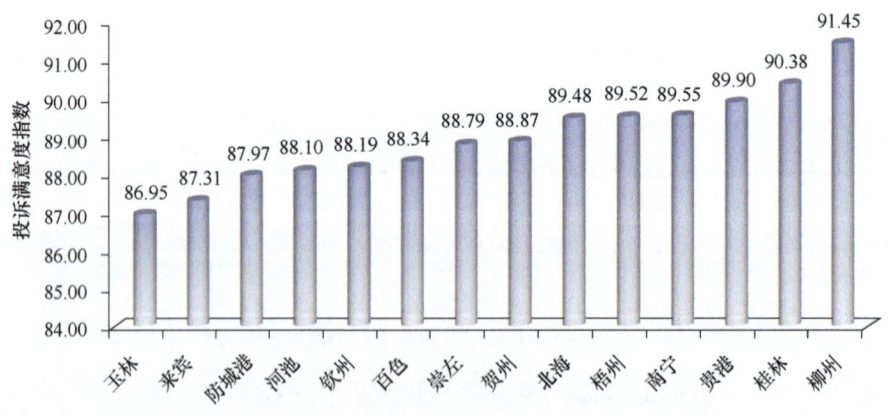

图 6-11　2018 年广西设区市投诉满意度指数比较

图 6-12 显示，2018 年游客满意度总体处于"满意"水平，但指数偏低，年均值仅达 81.34。最高值柳州也仅比均值高出 2.48。来宾、崇左也尚在"满意"水平分界线边缘徘徊。本年度高峰与低谷之间相差 4.62。

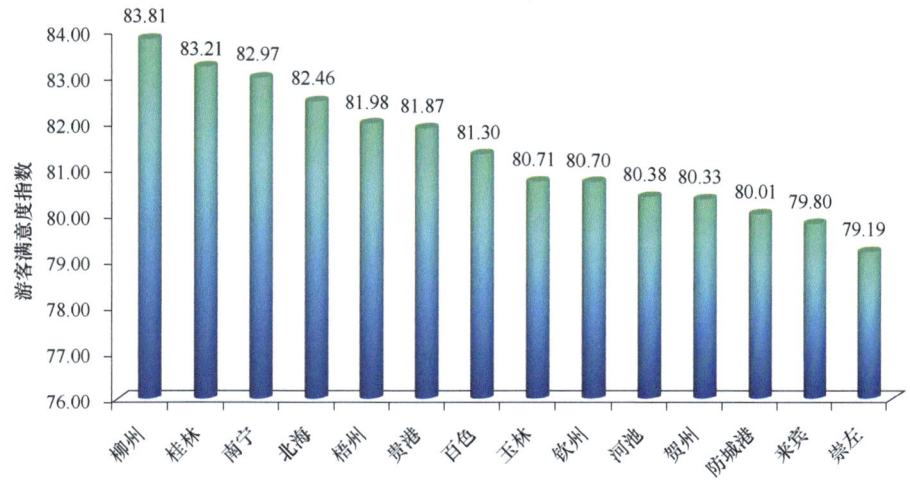

图 6-12　2018 年广西设区市游客满意度指数比较

6.5.2　各特色县满意度指数年度比较

图 6-13 显示，各特色县 2018 年问卷满意度总体处于"基本满意"水平，问卷满意度指数年度均值为 75.45。仅有合山问卷满意度指数为 69.74，低于 70.00，已非常接近"基本满意"临界线。包括合山在内，问卷满意度指数低于 75.00 共有 10 个特色县，占总数的 30.3%。峰值和低谷值相差近 10.00，各特色县间还存在一定差距。

图 6-14 显示，各特色县 2018 年舆情满意度总体处于"非常满意"水平，舆情满意度指数年度均值为 91.57。但邕宁、凭祥、合山、恭城均超过 89.50，处于"满意"水平，距离"非常满意"水平仅差一步之遥。其他 29 个特色县舆情满意度指数在 90.25～93.08 密集分布，相差并不太大。各特色县相互之间有一定差距，最大差值不足 3.00。

图 6-15 显示，各特色县 2018 年投诉满意度总体处于"满意"和"非常满意"水平之间，投诉满意度指数年度均值为 90.36。投诉满意度指数在 86.01～89.99 的特色县有 18 个，占比达 54.5%，上下相差 3.98。投诉满意度指数在 90.14～96.46 的分布的特色县 15 个，占比 45.5%，上下相差 6.32。年度峰值和低谷值相差 10.00 以上。蒙山指标值高达 96.46，表现最强劲。

图 6-16 显示，各特色县 2018 年游客满意度总体上在"基本满意"和"满意"水平之间，年度均值 80.03。游客满意度指数在 75.1～79.98 的特色县有 15 个，占比达 45.5%，上下相差 4.88。游客满意度指数在 80.13～82.78 的特色县有 18 个，占比 54.5%，上下相差仅 2.65。整个年度峰值和低谷值相差 7.68。蒙山游客满意

度指数最高、合山最低。

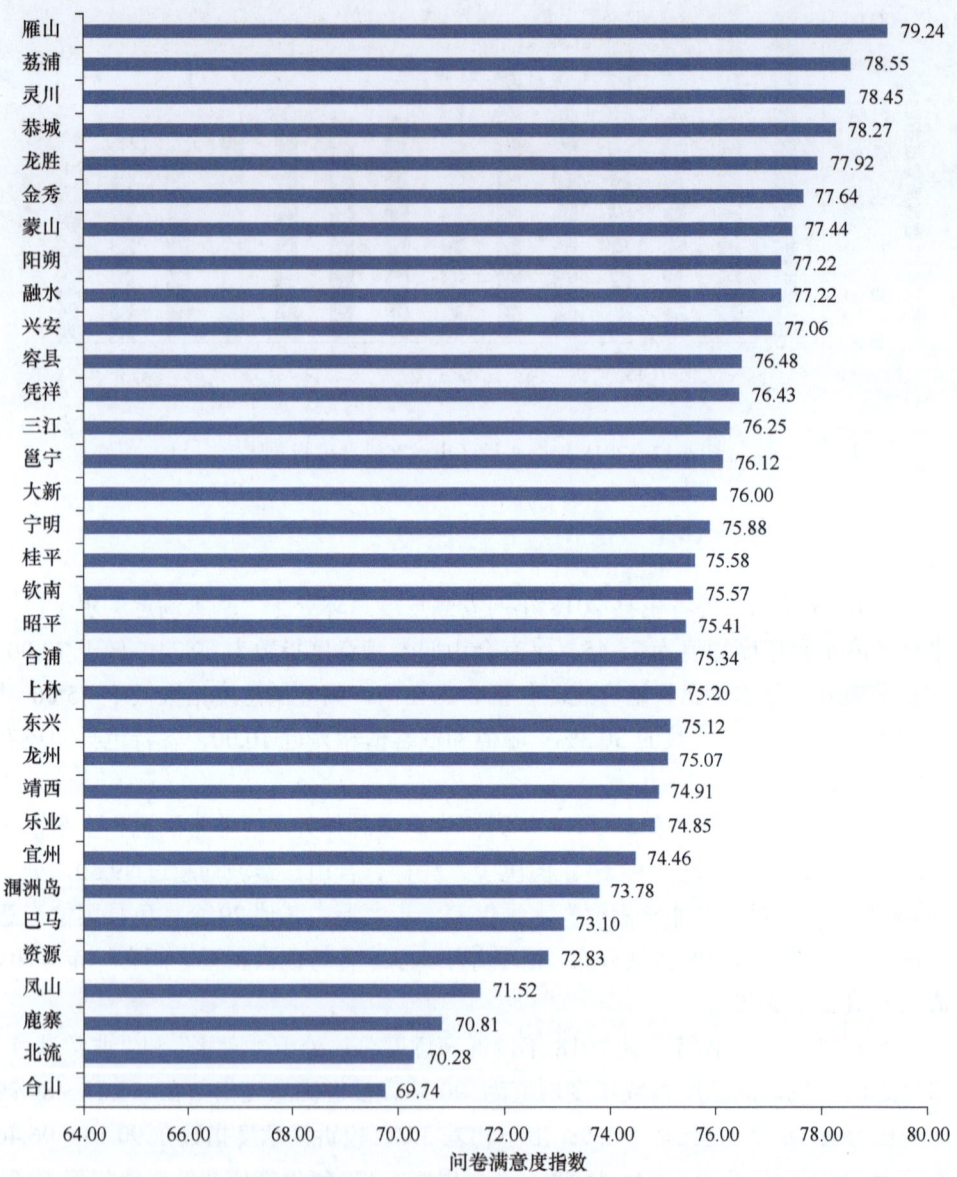

图 6-13　2018 年广西特色县问卷满意度指数比较

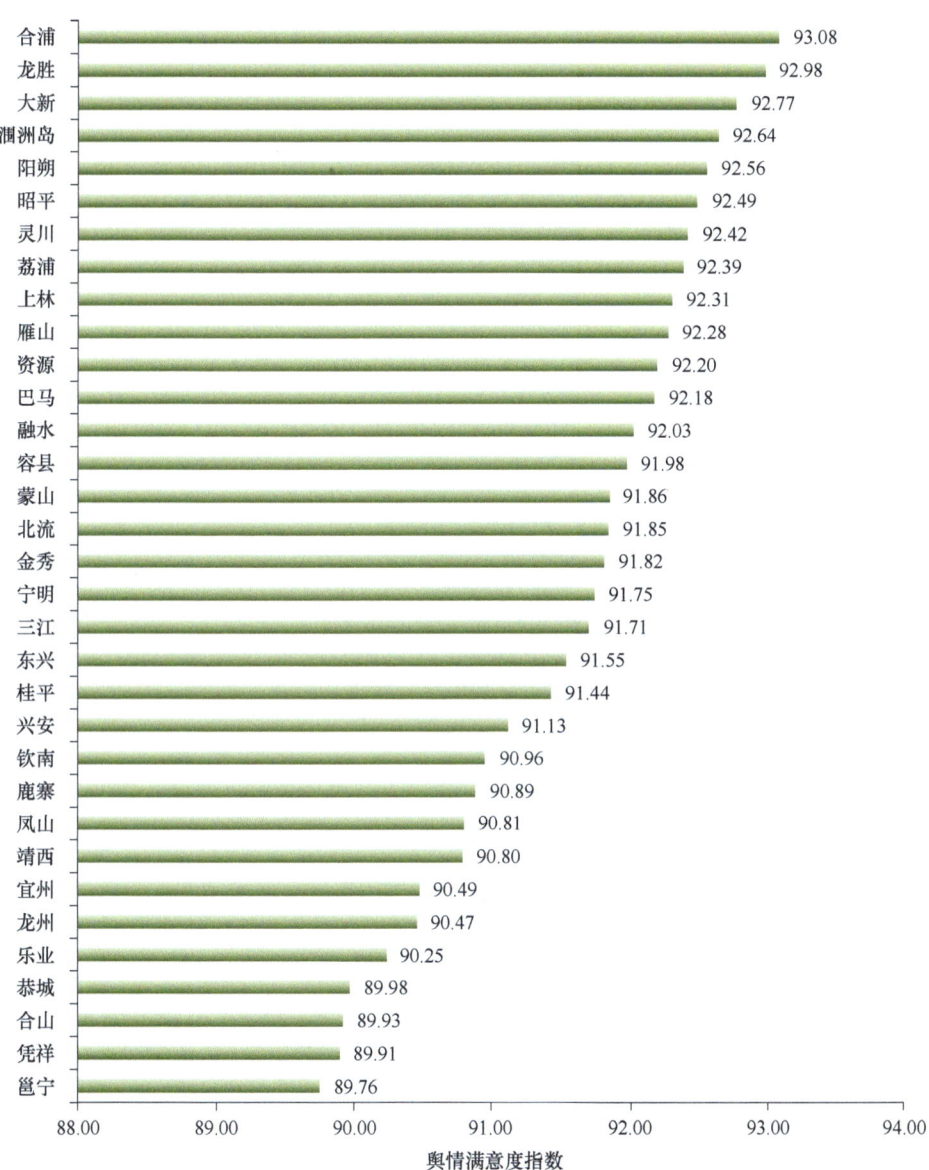

图 6-14　2018 年广西特色县舆情满意度指数比较

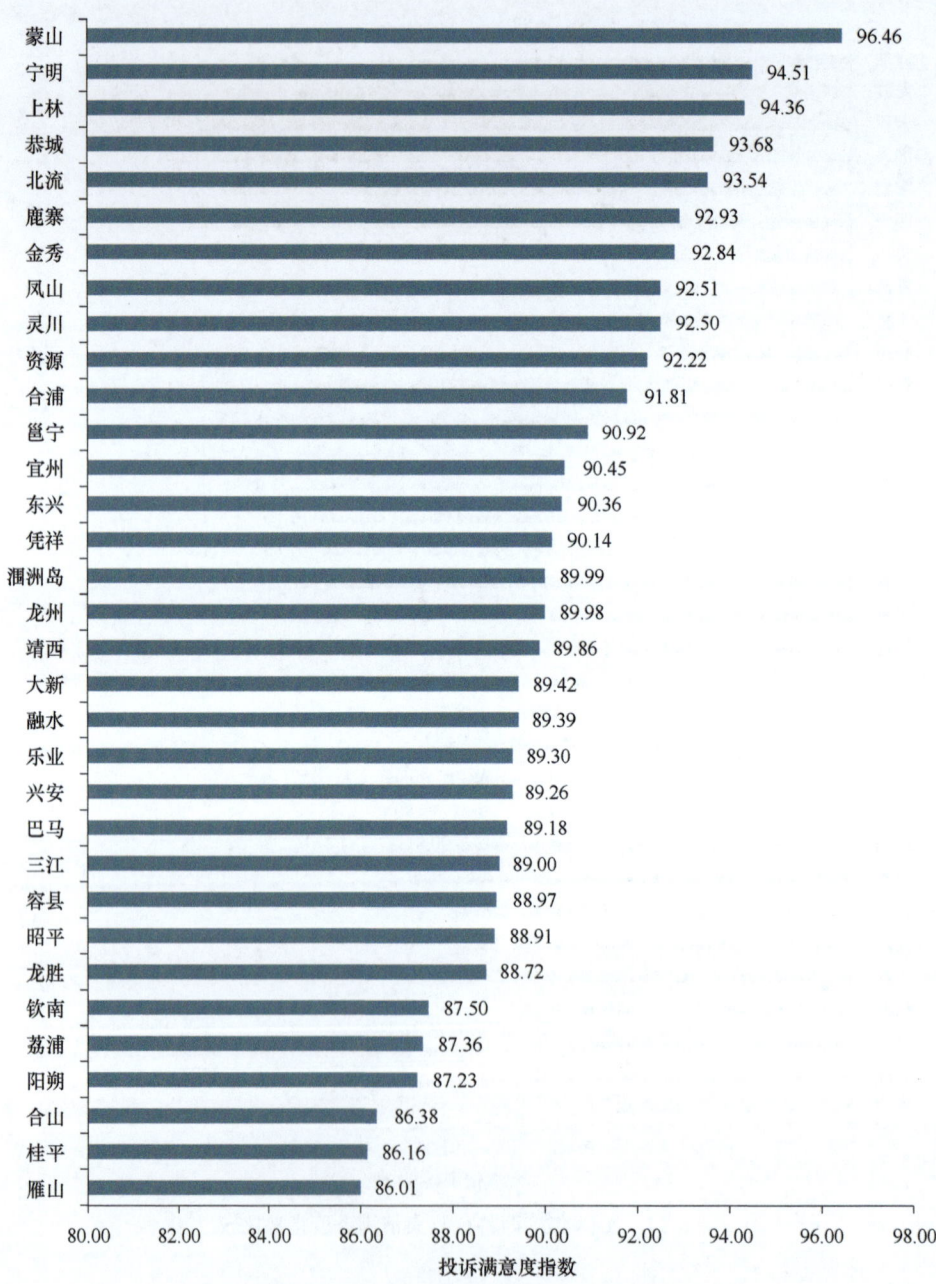

图 6-15　2018 年广西特色县投诉满意度指数比较

第 6 章 2018 年广西游客满意度调查

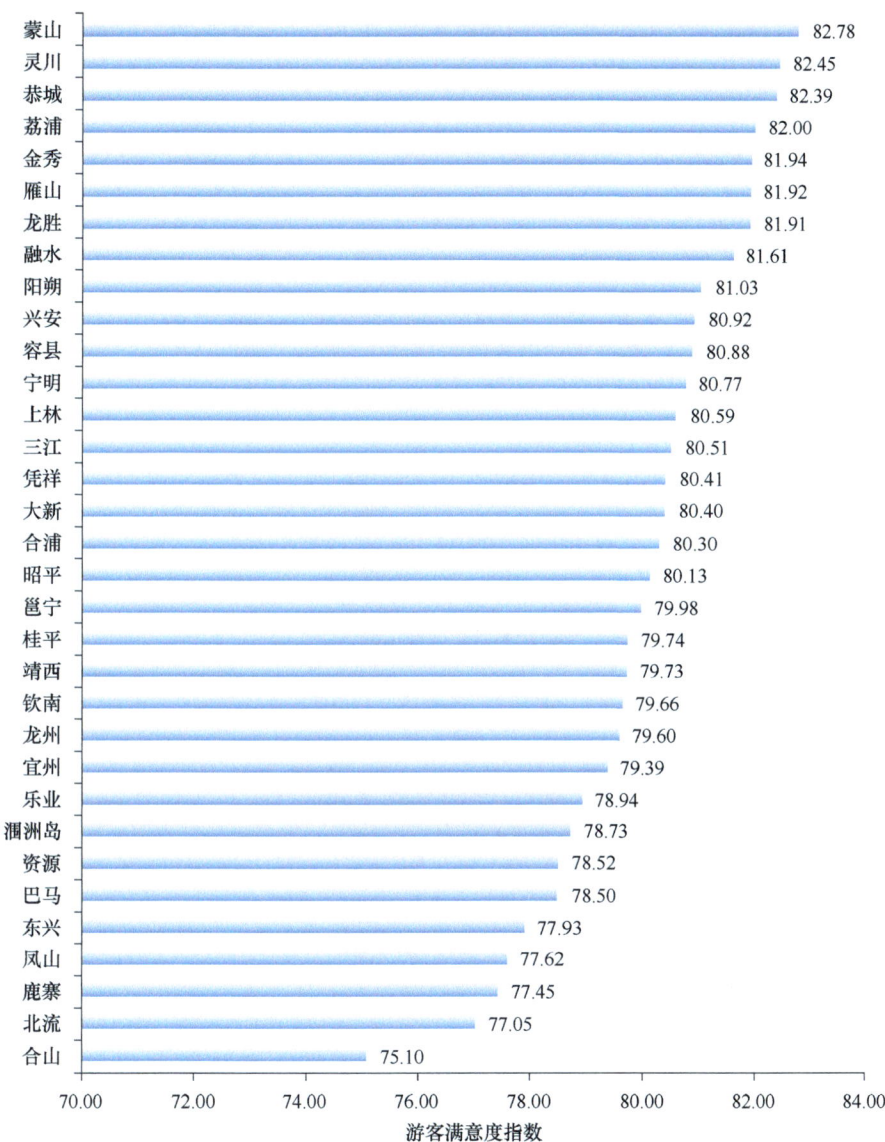

图 6-16 2018 年广西特色县游客满意度指数比较

6.5.3 特色县和"创域县"满意度第四季度指标比较

图 6-17 表明,各特色县和"创域县"2018 年第四季度问卷满意度总体上是在"基本满意"水平,年度均值为 75.42。仅有城中的 82.33 达到"满意"水平。另有武宣、凤山、平果、合山指数在 70.00 以下,处于"不满意"水平。其他 43 个特色县和"创域县"的指数在 70.62~79.61 分布,其中,28 个特色县和"创域县"的指数超过 75.00,占 65%(注:因为特色县和"创域县"问卷满意度调查是从第四季度才开始的,新增

加的 15 个"双创县"只有第四季度的调研数据，因此，单独对所有特色县和"创域县"第四季度问卷满意度进行比较研究，图 6-18～图 6-20 是同类分析，不再一一说明）。

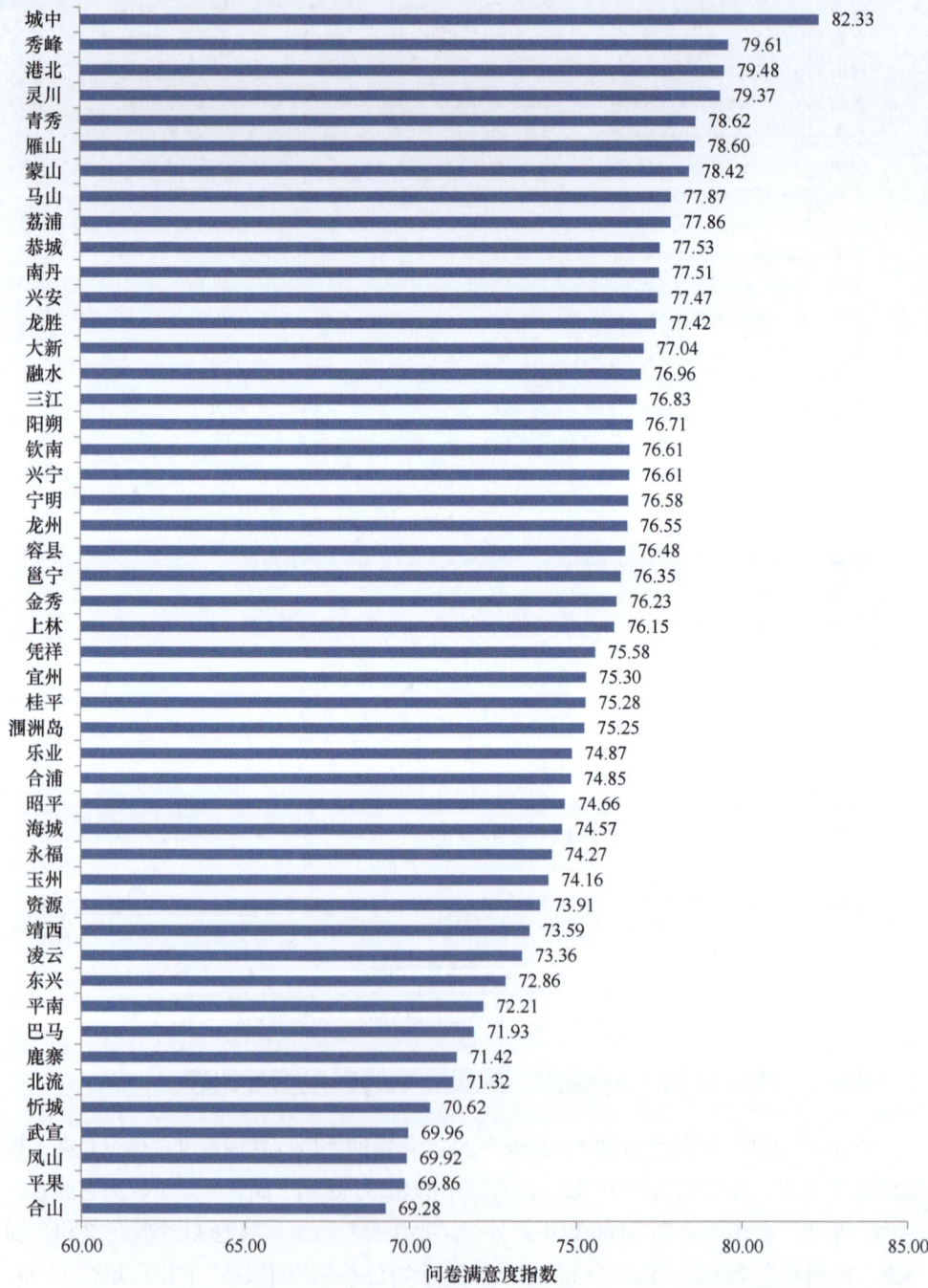

图 6-17　2018 年第四季度广西特色县和"创域县"问卷满意度指数比较

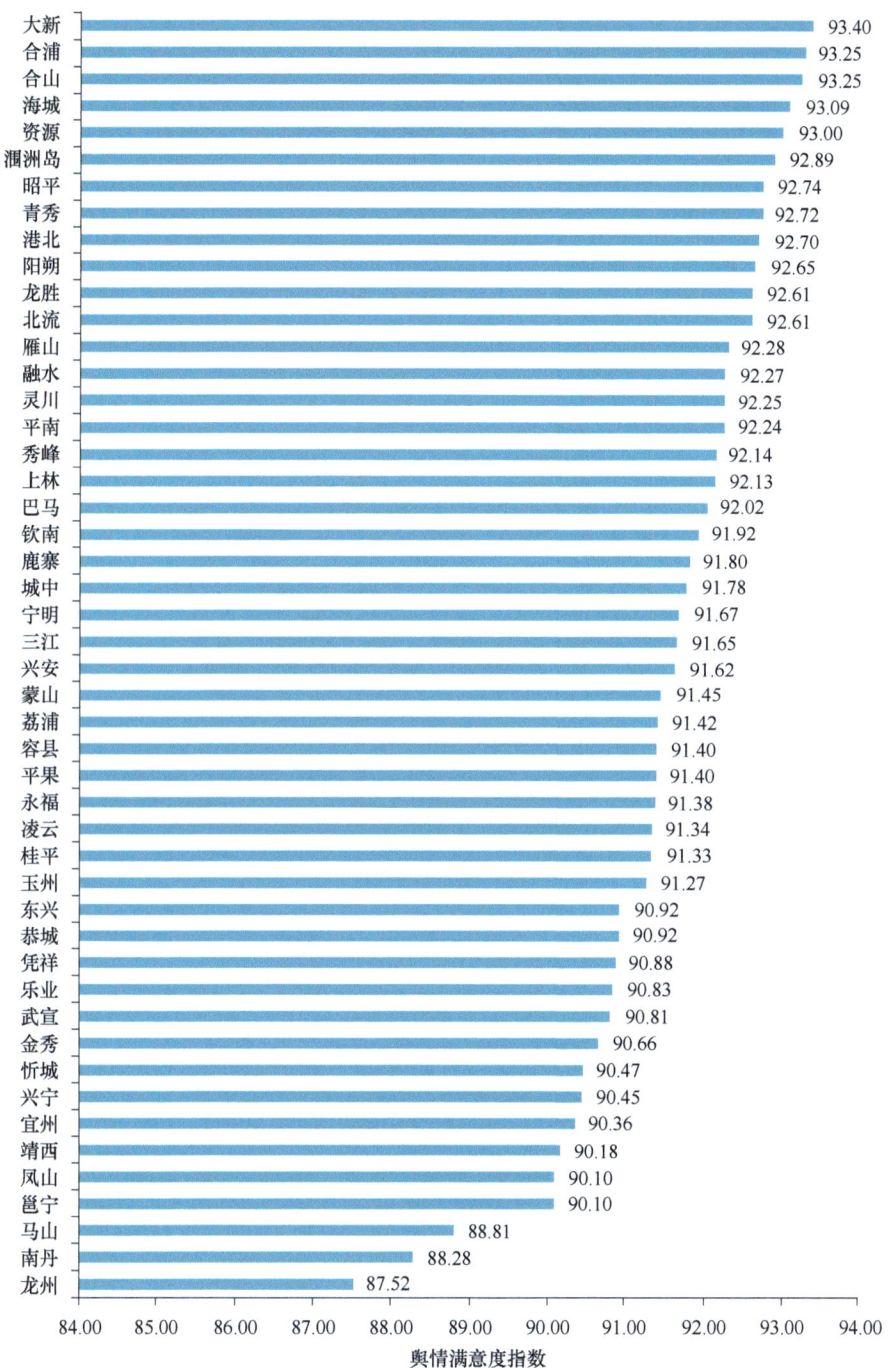

图 6-18 2018 年第四季度广西特色县和"创域县"舆情满意度指数比较

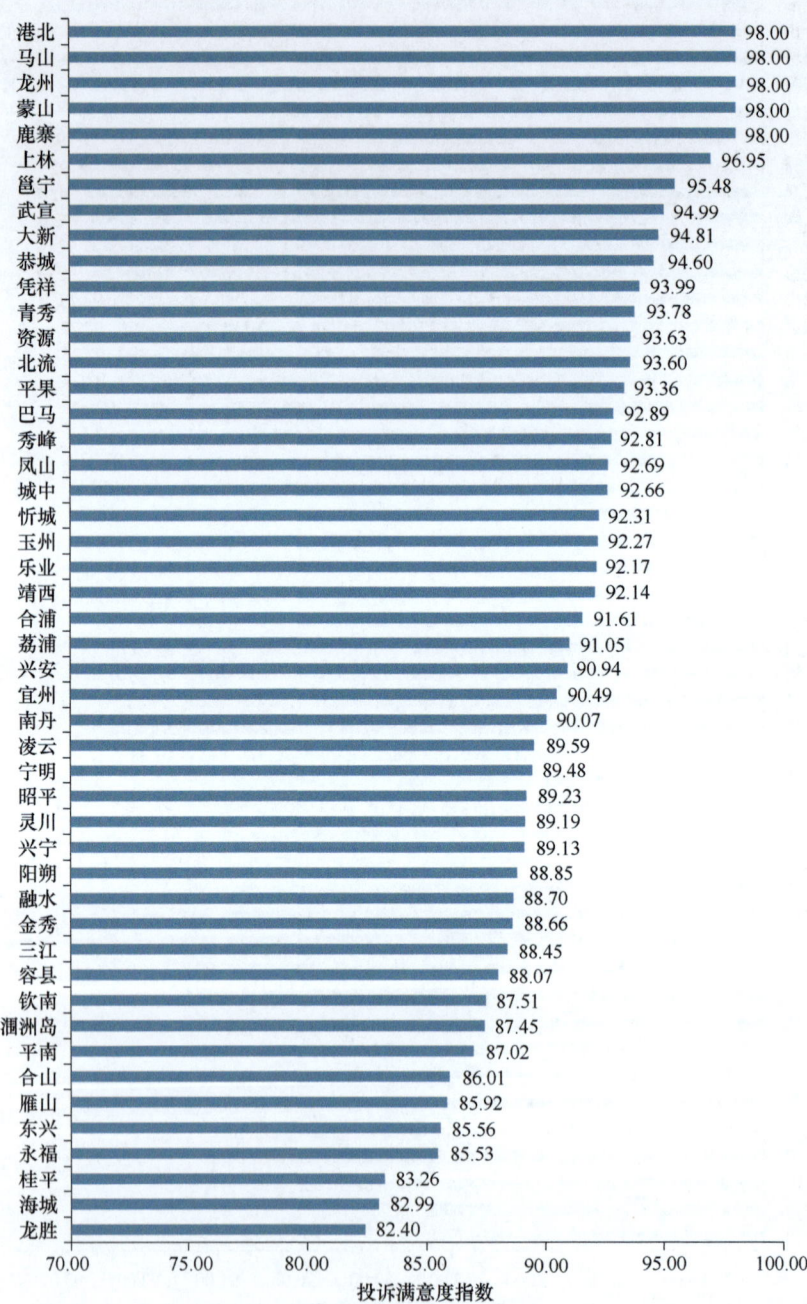

图 6-19 2018 年第四季度广西特色县和"创域县"投诉满意度指数比较

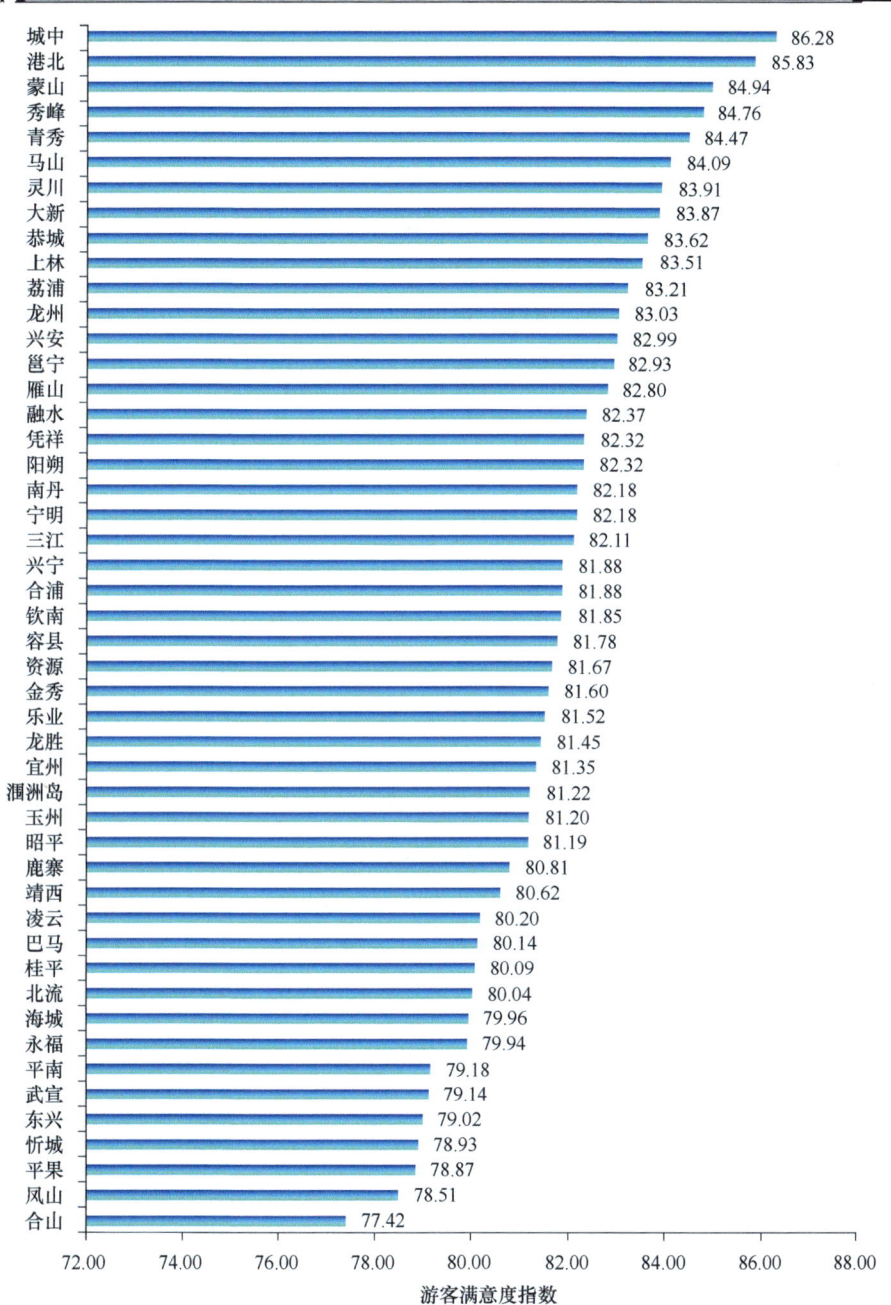

图 6-20 2018 年第四季度广西特色县和"创域县"游客满意度指数比较

图 6-18 表明，各特色县和"创域县"2018 年第四季度舆情满意度总体上处于"非常满意"水平，年度均值为 91.57。另有马山、南丹、龙州的舆情满意度指数在 90.00 以下，其他 45 个特色县和"创域县"都达到"非常满意"的水平，分

布在 90.10~93.40。

图 6-19 表明，各特色县和"创域县"2018 年第四季度投诉满意度总体上处于"满意"水平与"非常满意"水平之间，年度均值为 91.09。达到"非常满意"的有 28 个，占总调查样本数 48 个的 58.3%，指标分布于 90.07~98.00，且有港北、马山、龙州、蒙山、鹿寨高达 98.00；其余 20 个特色县和"创域县"的指标值低于 90.00，在 82.40~89.59 波动，其中，仅有桂平、海城、龙胜较低，指标值不到 83.50，其他 17 个特色县和"创域县"都超过 85.00。投诉满意度指数峰值和低谷值相差巨大，高达 15.60。

图 6-20 表明，各特色县和"创域县"2018 年第四季度游客满意度总体处于"满意"水平，年度均值为 81.77，显然偏低。游客满意度指数峰值和低谷值相差 8.86。处于"满意"水平的特色县和"创域县"有 39 个，占总数的 81.25%，指数分布在 80.04~86.28，上下相距 6.00 左右。游客满意度指数低于 80.00 的有 9 个城市，占 18.75%，指数位于 77.42~79.96，上下差距约 2.50，除合山外，其他特色县和"创域县"接近"满意"水平。

6.6　2018 年工作相关建议

1. 以全域旅游发展模式贯穿全区游客满意度的管理

目前，广西共有 62 个自治区级全域旅游示范区创建单位和 19 个国家级全域旅游示范区创建单位，县级全域旅游示范区创建单位数占全区县级单位总数的比例达 70.27%，这标志着广西旅游进入了全域旅游发展时代。进入全域旅游发展时代必须以全域旅游理念强化对旅游市场的监管，改变传统的旅游市场监管模式，将旅游部门的单独管理转变为政府各相关部门齐抓共管，只有这样才能优化旅游市场环境，不断提升当地的游客满意度。

2. 通过供给侧改革和创新，进一步丰富多样化旅游产品

夯实旅游基础设施和服务设施，在此基础上更快、更好、更持续地刺激和扩大需求侧的快速跟进。依托广西丰富多彩的旅游资源，扩大产业规模，加强优质旅游产品打造与供给。制定切实可行的旅游产品体系，打造 4A 级以上的旅游龙头景区。通过龙头带活、带大、带强新的旅游产品，构建强有力的文旅产业链。

3. 依托互联网新技术，提供个性化的智慧服务

中国已经跨越了互联网硬件技术阶段，进入互联网广泛应用阶段。着力提高

旅游信息化服务与精准管理水平，应将互联网、大数据、云计算等现代信息技术应用于旅游管理，开通网络游客互动板块，及时搜集掌握游客对当地旅游发展提出的意见和建议，并有针对性地进行整改。同时，要加强对旅游管理人员和其他旅游从业人员的培训，建立游客管理预警机制，及时妥善处理游客遇到的各种问题，减少游客的投诉与抱怨，为游客提供规范化、人性化和个性化的服务。

第7章 2019年游客满意度调查

7.1 第一季度游客满意度调查

7.1.1 总体情况

本季度广西14个设区市的游客满意度指数平均值为80.92，与上季度的81.61相比降低了0.69。本季度广西47个特色县和"创域县"的游客满意度指数平均值为81.37，与上季度的81.77相比有所降低，降低了0.40。

本季度，游客满意度指数最高的设区市仍然是柳州，为83.45，且其与上季度的83.21相比，上升了0.24，提升幅度为0.29%。本季度，游客满意度指数最低的设区市是崇左，为76.68，其与上季度游客满意度指数最低的防城港（80.19）相比，下降了3.51。

本季度，游客满意度指数最高的特色县和"创域县"仍然是城中，指数值为86.24，但其与上季度的86.28相比，下降了0.04，下降幅度为0.05%。本季度游客满意度指数最低的特色县和"创域县"是凤山（77.20），且其与上季度游客满意度指数最低的合山（77.42）相比，降低了0.22。

7.1.2 基本分析

1. 设区市舆情满意度指数相对较高并有所上升

2018年第四季度14个设区市舆情满意度指数平均值为91.36，本季度14个设区市舆情满意度指数平均值为91.90，整体来说，上升了0.54，其比问卷满意度指数和投诉满意度指数平均值分别高16.74和4.67。数据表明，本季度14个设区市问卷满意度指数相对不高，但舆情满意度方面反映良好，舆情满意度指数相对较高并有所上升，说明相关管理部门在舆情方面取得了卓有成效的工作成果。

2. 设区市问卷满意度二级指标中总体评价指标值提高

本季度14个设区市问卷满意度二级指标中总体评价指标平均值为7.58，2018年第四季度14个设区市问卷满意度二级指标中总体评价指标平均值为7.54，上升了0.04。与此同时，二级指标中城市建设和管理指标平均值和最高值也同步上升0.01和0.07。这说明游客对14个设区市的城市建设和管理、公共行业服务、旅游窗口服务和旅游特色的总体评价有所提高。

3. 设区市与特色县和"创域县"游客满意度指数排名变化较大

2018年第四季度14个设区市游客满意度指数排名前7的城市分别为：柳州、桂林、北海、梧州、贺州、贵港和玉林，而本季度排名前7的城市分别为：柳州、北海、贺州、桂林、南宁、玉林和防城港，排名情况变化较大。同时，各特色县和"创域县"的排名情况也有了较大的变化，本季度游客满意度指数排列第1至第5名的特色县和"创域县"依次是：城中、青秀、三江、秀峰和雁山。与上季度排名前5相比，第1名和第4名仍然是城中和秀峰，但青秀由第5名升至第2名，而且上季度排名第2名与第3名的港北和蒙山不在前5名之内，反而上季度排名第21名与第15名的三江和雁山此次升至第3名和第5名。

4. 特色县和"创域县"游客满意度达"满意"水平的比例略微上升

在上季度48个特色县和"创域县"中，游客满意度指数达"满意"水平的有39个，占调查单位总数的比例为81.25%。在本季度47个特色县和"创域县"中，游客满意度指数达"满意"水平的同样有39个，但占调查单位总数的比例为82.98%，上升了1.73个百分点。与此同时，本季度47个特色县和"创域县"游客满意度指数方差为3.35，而上季度48个特色县和"创域县"游客满意度指数方差为3.86，说明本季度游客满意度指数比上季度波动小，相对来说更加稳定。

5. 特色县和"创域县"游客满意度指数整体比设区市的较高

本季度特色县和"创域县"问卷满意度指数、投诉满意度指数和游客满意度指数平均值分别为75.30、90.09和81.37，比设区市分别高0.14、2.86和0.45，特色县和"创域县"只有舆情满意度指数平均值比设区市低1.04；特色县和"创域县"问卷满意度指数、舆情满意度指数、投诉满意度指数和游客满意度指数最高值分别为83.00、95.00、98.00和86.24，所有指标全部比设区市分别高4.61、1.75、7.69和2.79。结果表明，本季度各特色县和"创域县"创建成效较为显著，游客满意度二级指标值整体比设区市的高。

7.1.3　主要问题

1. 设区市游客满意度指数整体略微下降

本季度14个设区市游客满意度指数平均值为80.92，与2018年第四季度相比降低了 0.85%，游客满意度指数略微下降。2018 年第四季度达到"满意"水平的来宾和崇左本季度跌落到 80.00 以下，分别为 79.68 和 76.68，特别是对于崇左来说，游客满意度指数降低了 4.02，这在一定程度上拉低了设区市的游客满意度指数平均值，因此值得当地政府及相关管理部门的特别关注。

2. 各设区市游客满意度水平差距突然扩大

2018 年第二季度全区 14 个设区市游客满意度指数最高值与最低值的差值为 5.95，第三季度最高值与最低值的差值为 5.19，第四季度最高值与最低值的差值为 3.02，由此可以看出，设区市最高值和最低值的差值正在不断缩小。但是，本季度设区市最高值和最低值的差值突然达到 6.77，比前三个季度的差值全部要大。在整体趋势向好的情况下，差值突然增大的现象是比较反常的，同样值得相关部门的注意。

3. 特色县和"创域县"游客满意度指数与上季度相比略微下降

本季度 47 个特色县和"创域县"游客满意度指数平均值为 81.37，与 2018 年第四季度相比降低了 0.49%，但比 14 个设区市游客满意度指数平均值高 0.45，这值得设区市相关部门的认真总结与反思。

4. 各被调查单位的游客满意度水平总体波动较大

与上季度相比，本季度无论是设区市还是特色县和"创域县"的游客满意度指数均有所下降，特别是设区市游客满意度指数波动较大，同时排名情况也变化较大。例如，在设区市中，上季度游客满意度排在第 4 名与第 6 名的梧州和贵港，本季度下降到第 9 名与第 11 名。可见，游客满意度是一个动态指标，受外在因素影响较大，需要常抓不懈才能保证其稳定与提升。

7.2　第二季度游客满意度调查

7.2.1　总体情况

本季度广西 14 个设区市的游客满意度指数平均值为 80.05，与上季度的 80.92 相比降低了 0.87。本季度全区 47 个特色县和"创域县"的游客满意度指数平均值为 80.58，与上季度的 81.37 相比也有所降低，降低了 0.79。

本季度，设区市游客满意度指数最高的仍然是柳州，为 82.32；但其与上季度的 83.45 相比，下降了 1.13，下降幅度为 1.35%。本季度，游客满意度指数最低的设区市仍然是崇左,为77.56,与上季度游客满意度指数(76.68)相比,上升了0.88。

本季度,游客满意度指数最高的特色县和"创域县"仍然是城中,指数值为85.02,但其与上季度的86.24相比,下降了1.22,下降幅度为1.41%。本季度游客满意度指数最低的特色县和"创域县"是合山(76.21),且其与上季度游客满意度指数最低的凤山(77.20)相比,降低了0.99。

7.2.2　基本分析

1. 设区市舆情满意度指数继续保持较高水平但略有下降

2019年第一季度14个设区市舆情满意度指数平均值为91.90,本季度14个设区市舆情满意度指数平均值为91.69,虽然下降了0.21,但比问卷满意度指数和投诉满意度指数平均值分别高17.49和5.71,整体来说,舆情满意度指数保持在较高水平。数据表明,虽然本季度14个设区市问卷满意度指数相对不高且略微下降,但舆情满意度整体反映良好,相关管理部门应继续大力做好舆情满意度方面的工作。

2. 设区市与特色县和"创域县"游客满意度指数排名情况变化较大

2019年第一季度14个设区市游客满意度指数排名前7的城市为:柳州、北海、贺州、桂林、南宁、玉林和防城港,本季度排名前7的城市为:柳州、南宁、北海、桂林、玉林、贺州、百色,排名情况变化较大。同时,各特色县和"创域县"的排名情况也有了较大的变化。

3. 特色县和"创域县"问卷满意度二级指标中总体评价指标值略微提高

本季度47个特色县和"创域县"问卷满意度二级指标中总体评价指标平均值为7.61,上季度47个特色县和"创域县"问卷满意度二级指标中总体评价指标平均值为7.60,上升了0.01。与此同时,二级指标中公共行业服务平均值和最高值也分别同步上升0.04和0.16。这说明游客对47个特色县和"创域县"公共行业服务水平的总体评价有所提高。

4. 特色县和"创域县"游客满意度指数比设区市游客满意度指数高

本季度特色县和"创域县"问卷满意度指数、投诉满意度指数和游客满意度指数平均值分别为74.56、88.74、80.58,比设区市分别高0.36、2.76、0.53,只有舆情满意度指数平均值比设区市低1.19;特色县和"创域县"问卷满意度指数、舆情满意度指数、投诉满意度指数和游客满意度指数最高值分别为79.86、92.50、

98.00、85.02，全部指标比设区市分别高 2.16、0.05、7.43、2.70。结果显示，特色县和"创域县"游客满意度指数已连续多个季度比设区市游客满意度指数高，这值得设区市深刻反思并虚心向特色县和"创域县"学习。

7.2.3 主要问题

1. 设区市游客满意度指数整体下降

本季度 14 个设区市问卷满意度指数、舆情满意度指数、投诉满意度指数和游客满意度指数平均值分别为 74.20、91.69、85.98、80.05，和上季度相比分别降低了 0.96、0.21、1.25、0.87，整体满意度指数下降明显。同时，设区市问卷满意度二级指标中总体评价、城市建设和管理、公共行业服务、旅游窗口服务和旅游特色也分别较上季度降低了 0.12、0.13、0.04、0.13、0.13。这表明各设区市对游客满意度的工作有所松懈，从而导致游客满意度指数全面下降。

2. 游客满意度指数达"满意"水平的比例显著下降

在 2019 年第一季度的 14 个设区市中，游客满意度指数达"满意"水平的有 12 个，占调查单位总数的比例为 85.71%。本季度 14 个设区市中，游客满意度指数达"满意"水平的仅有 6 个，占调查单位总数的比例为 42.86%，下降了 42.85 个百分点，其中跌出"满意"水平的设区市为防城港、钦州、梧州、百色、贵港和河池。在上季度 47 个特色县和"创域县"中，游客满意度指数达"满意"水平的有 39 个，占调查单位总数的比例为 82.98%。本季度 47 个特色县和"创域县"中，游客满意度指数达"满意"水平的只有 30 个，占调查单位总数的比例为 63.83%，下降了 19.15 个百分点。上述情况值得各地旅游管理部门警醒，并深入分析其中缘由，争取下季度达到"满意"水平以上。

3. 特色县和"创域县"游客满意度指数同样整体下降

本季度 47 个特色县和"创域县"游客问卷满意度指数、舆情满意度指数、投诉满意度指数和游客满意度指数平均值分别为 74.56、90.50、88.74、80.58，和上季度相比分别降低了 0.74、0.36、1.35、0.79，这值得特色县和"创域县"认真总结与反思。

4. 各被调查单位的游客满意度水平总体不够稳定

本季度无论是设区市还是特色县和"创域县"，与上季度相比游客满意度指数又有所下降，设区市和特色县和"创域县"游客满意度水平波动较大。同时，排名情况也变化较大。例如，在特色县和"创域县"中，上季度游客满意度排在第3名与第5名的三江和雁山，本季度下降到了第25名与第19名；上季度排名第6名与第7名的钦南和龙胜，本季度下降到了第27名与第28名。由此可见，游客满意度作为一个动态指标，各地政府管理部门和相关旅游企业如果放松警惕，游客满意度水平将会有很大的波动。

5. 设区市与特色县和"创域县"旅游基础设施都有待加强

旅游基础设施是指为旅游者提供公共服务的物质工程设施，是用于保证旅游活动正常进行的公共服务系统，通常包括"五大设施"，分别是指旅游交通设施、水电气热设施、旅游环卫设施、旅游安全设施和能源通信设施，它们具有功能复合性、设施景观化、服务多群体、承载弹性化的特征。众多资料显示，游客对广西当前旅游基础设施吐槽较多，主要集中在交通基础设施、景区基础设施、酒店基础设施、环卫基础设施等方面，这需要广西各设区市与特色县和"创域县"共同推动解决。

7.3 第三季度游客满意度调查

7.3.1 总体情况

本季度广西14个设区市的游客满意度指数平均值为80.47，与上季度的80.05相比上升了0.42。本季度广西65个特色县和"创域县"的游客满意度指数平均值为81.20，与上季度的80.58相比也有所上升，上升了0.62。

本季度，游客满意度指数最高的设区市仍然是柳州，平均值为82.70；其与上季度的82.32相比，上升了0.38，上升幅度为0.46%。本季度，游客满意度指数最低的设区市是河池，为77.94，与上季度游客满意度指数（79.29）相比，下降了1.35。

本季度，游客满意度指数最高的特色县和"创域县"仍然是城中，指数值为86.41，且其与上季度的85.02相比，上升了1.39，上升幅度为1.63%。本季度游客满意度指数最低的特色县和"创域县"是陆川（76.03），且其与上季度游客满意度指数最低的合山（76.21）相比，降低了0.18。

7.3.2 基本分析

1. 设区市游客满意度指数整体有所上升

2019年第二季度14个设区市游客满意度指数平均值为80.05，本季度14个设区市游客满意度指数平均值为80.47，上升了0.42。本季度14个设区市问卷满意度指数与投诉满意度指数的平均值分别为74.89、86.16，较第二季度问卷满意度指数平均值（74.20）与投诉满意度指数平均值（85.98）分别上升了0.69、0.18。整体来说，本季度14个设区市游客满意度指数大部分有所上升，主要体现在问卷满意度指数、投诉满意度指数平均值的上升。所有设区市应该继续重视游客满意度调研工作，争取更上一层楼。

2. 设区市问卷满意度的所有二级指标值提高

本季度14个设区市问卷满意度二级指标中总体评价、城市建设和管理、公共行业服务、旅游窗口服务和特色旅游五个指标的平均值分别为7.50、7.57、7.53、7.38、7.30，较第二季度总体评价（7.46）、城市建设和管理（7.52）、公共行业服务（7.44）、旅游窗口服务（7.29）和特色旅游（7.23）分别上升0.04、0.05、0.09、0.09、0.07。与此同时，二级指标的最高值也全部提升。这说明游客对14个设区市的总体评价、城市建设和管理、公共行业服务、旅游窗口服务和特色旅游的满意度评价均有所提高。

3. 设区市与特色县和"创域县"游客满意度指数排名情况变化较大

2019年第二季度14个设区市游客满意度指数排名前7的城市分别为：柳州、南宁、北海、桂林、玉林、贺州和百色，而本季度排名前7的城市分别为：柳州、南宁、桂林、北海、钦州、梧州和玉林，排名情况变化较大，钦州由上季度第12名上升到本季度第5名，梧州由上季度第8名上升到本季度第6名，而贺州则跌到第10名。同时，各特色县和"创域县"的排名情况也有一定的变化，本季度游客满意度指数排列第1至第5名的特色县和"创域县"依次是城中、秀峰、青秀、容县和蒙山，上季度前5名依次是城中、秀峰、上林、金秀和蒙山。青秀由上季度第9名上升到本季度第3名，容县由上季度第20名上升到本季度第4名，这两个特色县和"创域县"进步十分明显。

4. 特色县和"创域县"游客满意度指数整体有所上升

本季度65个特色县和"创域县"问卷满意度指数、舆情满意度指数、投诉满意度指数、游客满意度指数平均值分别为75.21、90.61、89.77、81.20，较第二季度问卷满意度指数（74.56）、舆情满意度指数（90.50）、投诉满意度指数（88.74）、游客满意度指数（80.58）平均值分别上升0.65、0.11、1.03、0.62。同时，每个指数对应的最高值也有所上升。这说明游客对65个特色县和"创域县"的满意度总体较上季度有所提高。

5. 特色县和"创域县"游客满意度指数整体比设区市的较高

本季度特色县和"创域县"问卷满意度指数、投诉满意度指数和游客满意度指数平均值分别为 75.21、89.77、81.20，比设区市分别高 0.32、3.61、0.73，只有舆情满意度指数平均值比设区市的低 0.94。特色县和"创域县"问卷满意度指数、舆情满意度指数、投诉满意度指数和游客满意度指数最高值分别为 82.55、93.46、98.00、86.41，所有指标全部比设区市的最高值分别高 3.90、0.98、9.62、3.71，整体情况与上季度类似。结果显示，特色县和"创域县"游客满意度指数已连续多个季度比设区市游客满意度指数整体较高，这值得设区市深刻反思并虚心向特色县和"创域县"学习。

7.3.3 主要问题

1. 设区市舆情满意度指数平均值略微下降

本季度 14 个设区市游客舆情满意度平均值为 91.55，与上季度（91.69）相比降低了 0.14，这表明 14 个设区市较上季度出现更多负面舆情。上季度舆情满意度排在第 1 名的桂林本季度跌落到第 4 名，排在第 2 名的北海本季度跌落到第 7 名，排在第 4 名的百色本季度跌落到第 11 名，这都在一定程度上拉低了设区市的舆情满意度指数平均值，值得当地政府及相关管理部门特别关注。

2. 设区市特色县和"创域县"的游客满意度水平总体波动较大

如上分析，本季度无论是设区市还是特色县和"创域县"，与上季度相比，游客满意度指数排名情况变化较大，特别是设区市间游客满意度水平波动较大，这值得设区市管理部门深入思考。游客满意度是一个动态指标，受外在因素影响较大，需要常抓不懈才能保证其稳定与提升。

3. 新增被调查单位的游客满意度指数不高

本季度广西游客满意度调查的总单位共 79 个，与上季度相比，新增江南、武鸣等 18 个县（区、市）。数据显示，新增县（区、市）游客满意度指数只有西乡塘和覃塘两个市辖区排名靠近，其他新增县（区、市）排名靠后。德保、防城、岑溪、江州和陆川排名十分靠后，当地政府部门需引起重视，认真对待游客满意度调研这项重要工作。

4. 设区市与特色县和"创域县"旅游基础设施建设依然亟须加强

旅游基础设施方面的问题一直以来都存在，但提升效果不佳。旅游基础设施是指为旅游者提供公共服务的物质工程设施，是用于保证旅游活动正常进行的五大公共服务系统。众多资料显示，游客对广西当前旅游基础设施吐槽较多，主要集中在交通、景区、酒店、环卫等基础设施方面，这需要广西及各设区市与特色县和"创域县"下大力气形成共识，最终解决问题。

7.4 第四季度游客满意度调查

7.4.1 总体情况

本季度广西 14 个设区市的游客满意度指数平均值为 81.15，与上季度的 80.47 相比上升了 0.68。本季度全区 71 个特色县和"创域县"的游客满意度指数平均值为 81.59，与上季度的 81.20 相比也有所上升，上升了 0.39。

本季度，游客满意度指数最高的设区市仍然是柳州，为 83.24；其与上季度的 82.70 相比，上升了 0.54，上升幅度为 0.65%。本季度，游客满意度指数最低的设区市仍然是河池，为 78.93，与上季度游客满意度指数（77.94）相比，上升了 0.99。

本季度，游客满意度指数最高的特色县和"创域县"仍然是柳州城中，指数值为 85.65，但其与上季度的 86.41 相比，下降了 0.76，下降幅度为 0.88%。本季度游客满意度指数最低的特色县和"创域县"是岑溪（77.56），其与上季度游客满意度指数最低的陆川（76.03）相比，上升了 1.53。

1. 各设区市四个季度满意度指数变化趋势

图 7-1 表明，各设区市 2019 年各季度问卷满意度处于"基本满意"水平，最高值是柳州第三季度的 78.65，其第一、第四季度以及年平均值也均超过 78.00，超过了其他设区市；最低值是崇左第一季度的 70.21。

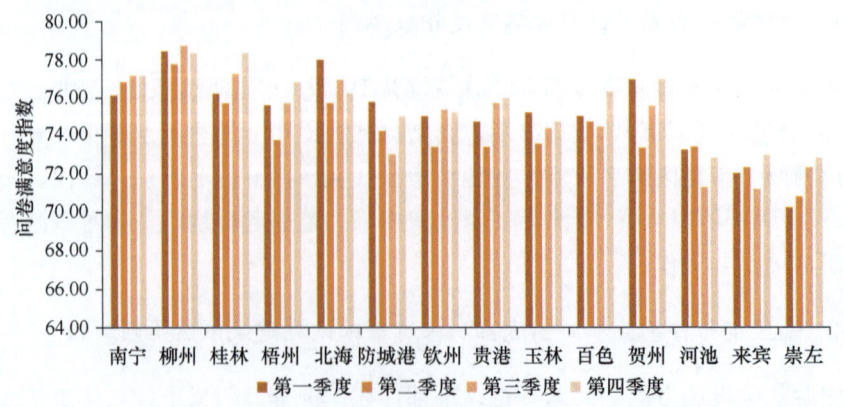

图 7-1　2019 年广西设区市问卷满意度指数各季度比较

图 7-2 表明,各设区市 2019 年各季度舆情满意度处于"非常满意"水平。各季度指数除河池的第二、第三季度,以及崇左的第一季度外,均在 90.00 以上。各设区市指数基本在 90.06~93.25,差距不大。除河池、梧州、崇左三个设区市外,其他设区市各季度之间舆情满意度指数相对平稳。

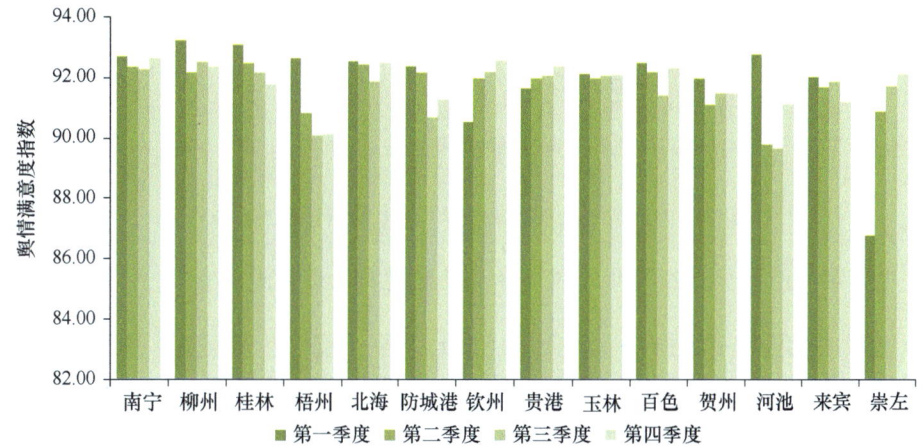

图 7-2 2019 年广西设区市舆情满意度指数各季度比较

图 7-3 表明,各设区市 2019 年各季度投诉满意度处于"满意"水平,年度平均值为 86.57。各季度指数除玉林第二季度、贺州第二季度、来宾第一季度略超过 90.00 外,其他设区市各季度指数均在 82.89 以上。从图 7-3 中亦可以看出,各设区市各季度之间指数均有所变化。

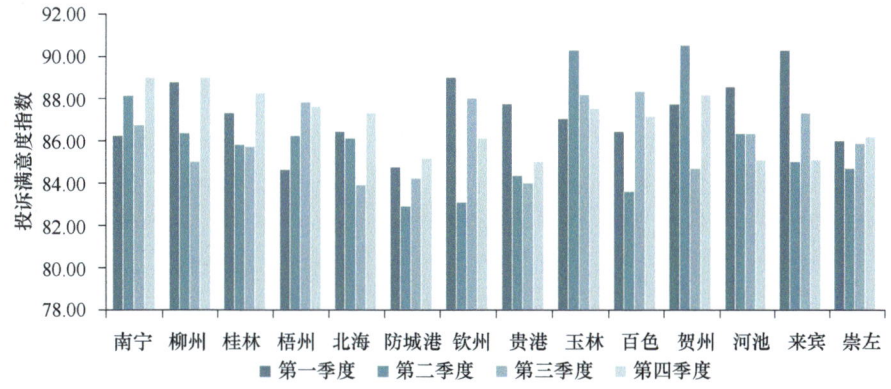

图 7-3 2019 年广西设区市投诉满意度指数各季度比较

图 7-4 表明,各设区市 2019 年各季度游客满意度处于"基本满意"和"满意"水平之间,年度平均值为 80.65。各季度指标在 76.68~83.45 波动,崇左、来宾两市四个季度指数均低于 80.00,处在"基本满意"水平;河池有三个季度、防城港有两个季度指数也未达"满意"水平。

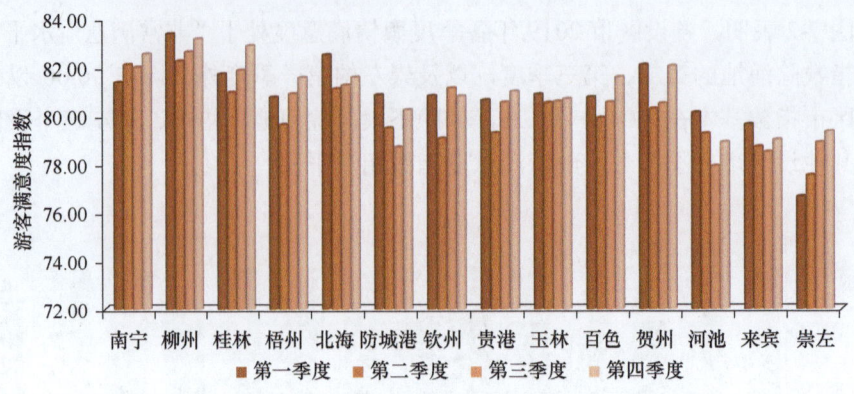

图 7-4　2019 年广西设区市游客满意度指数各季度比较

2. 各特色县和"创域县"四个季度满意度指数变化趋势

图 7-5 表明，各特色县和"创域县"2019 年各季度问卷满意度处于"基本满意"水平，年度平均值为 75.19。因为不同季节均不断有新加入的县（区、市），因而调查的所有特色县和"创域县"全年共涉及 230 个季度。其中，问卷满意指数高于 80.00 的仅有 7 个季度，占总数的 3%；低于 70.00 的也仅有 5 个季度，占 2.2%；70.00～75.00 的共有 99 个季度，占总数的 43%；75.00～80.00 共有 119 个季度，占 51.7%。

图 7-6 表明，各特色县和"创域县"2019 年各季度舆情满意度处于"满意"和"非常满意"之间，但总体趋于"非常满意"水平，各季度舆情满意度指数平均值达到 90.82。其中，舆情满意度指数高于 90.00 的季度达 174 个，占 75.7%；剩余的 56 个季度占到 24.3%，且除覃塘第四季度 82.50 略低外，其他指数也均超过 85.00，指数达到 89.00～90.00 的季度也多达 22 个，几乎接近"非常满意"水平。舆情满意度指数最高值 95.00 与最低值 82.50 之间相差 12.50，差距相对较大。

图 7-7 表明，各特色县和"创域县"2019 年各季度投诉满意度处于"满意"和"非常满意"水平之间，但总体趋于"满意"水平，其中，投诉满意度指数高于 90.00 的季度总和达 100 个，占 43.5%；剩余的 130 个季度占 56.5%。投诉满意度指数最低值为东兴第二季度的指数 82.07，前三个季度均有指数达到 98.00 的特色县和"创域县"，第四季度指数最高值达到 96.16，从图 7-7 中可以看出，各个季度投诉满意度指数值参差不齐，变化浮动相对较大，高峰值与低谷值差距高达 16.00。

图 7-8 显示，特色县和"创域县"2019 年各季度游客满意度处于"基本满意"和"满意"水平之间，但总体趋于"满意"水平，所有季度游客满意度指数平均值达到 81.20。其中，游客满意度指数值低于 80.00 的季度共有 55 个，占 23.9%；超过 80.00 的季度共有 175 个，占到 76.1%。季度游客满意度指数峰值为城中第三季度的 86.41，最低值为陆川第三季度的 76.03，约相差 10。从图 7-8 中亦可以

看出，各个季度游客满意度指数参差不齐，变化波动相对较大。

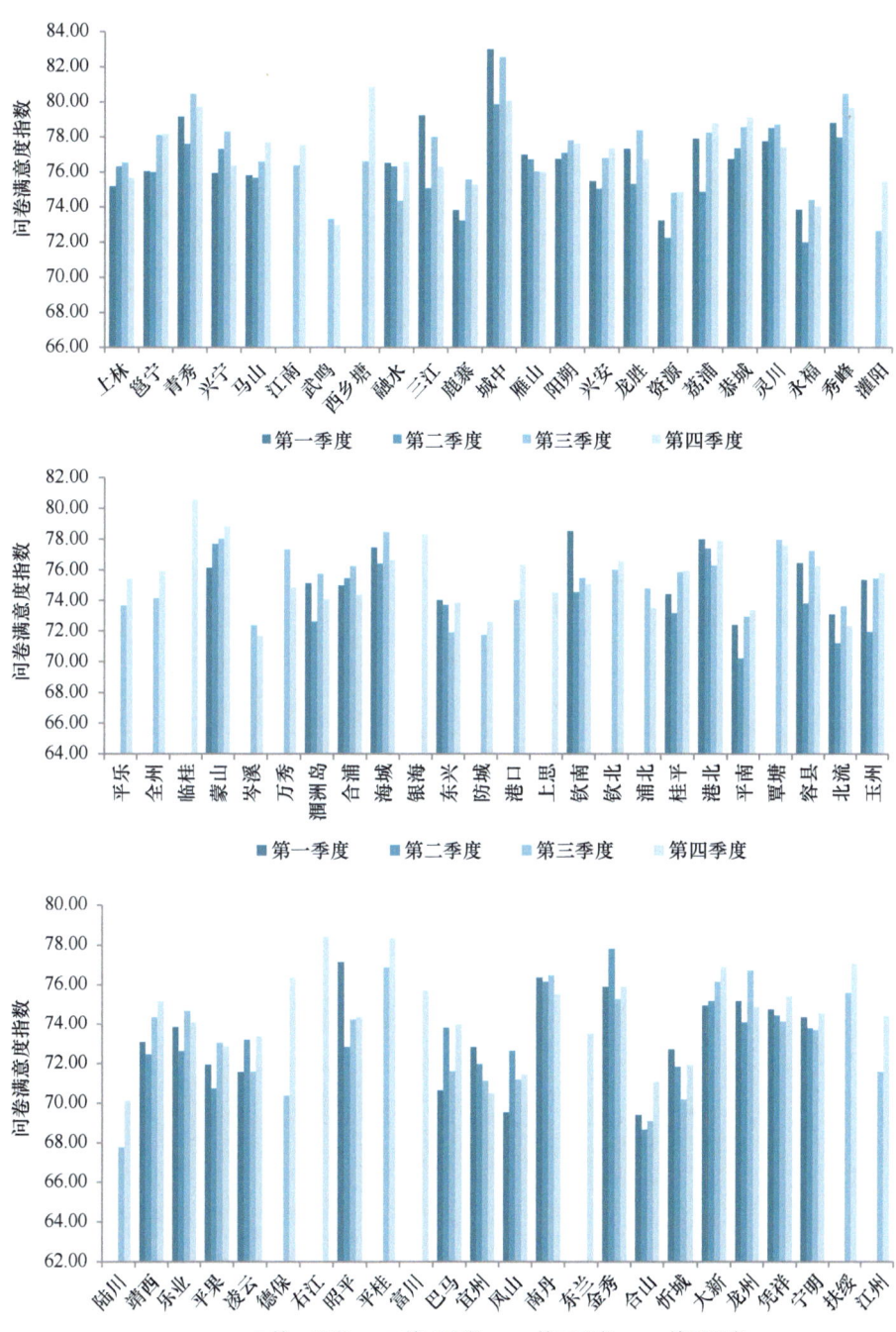

图 7-5　2019 年广西特色县和"创域县"问卷满意度指数各季度比较

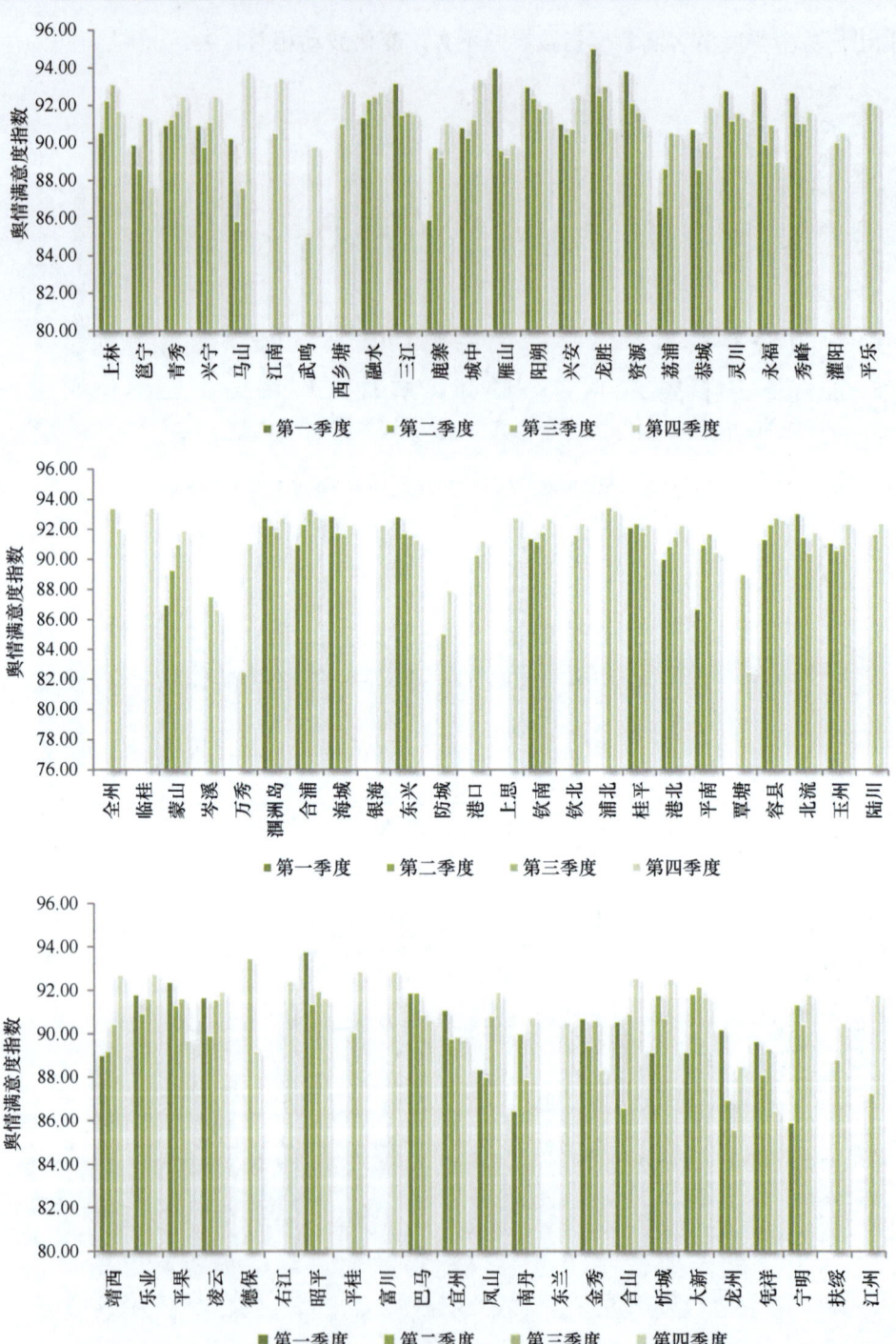

图 7-6　2019 年广西特色县和"创域县"舆情满意度指数各季度比较

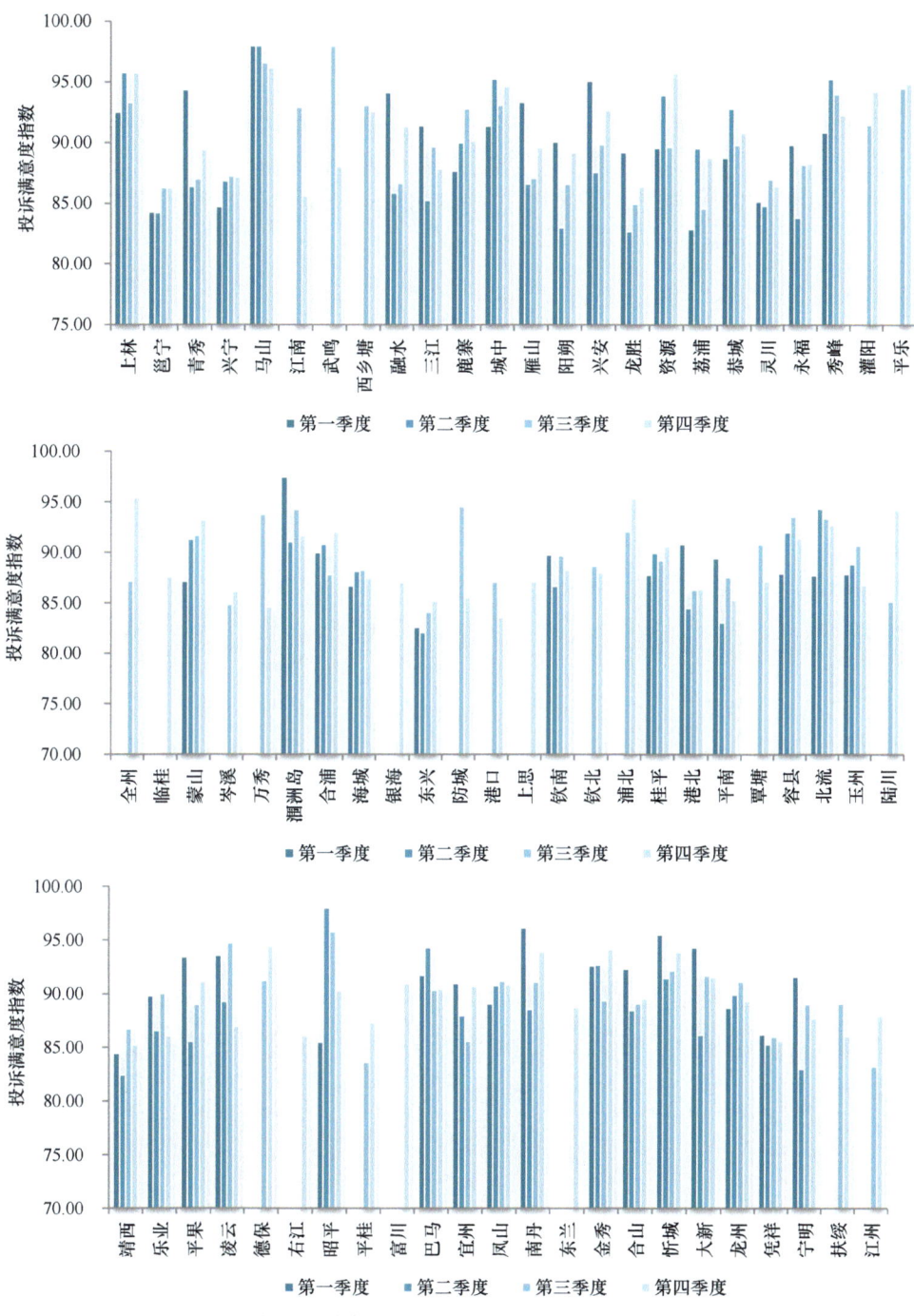

图 7-7 2019 年广西特色县和"创域县"投诉满意度指数各季度比较

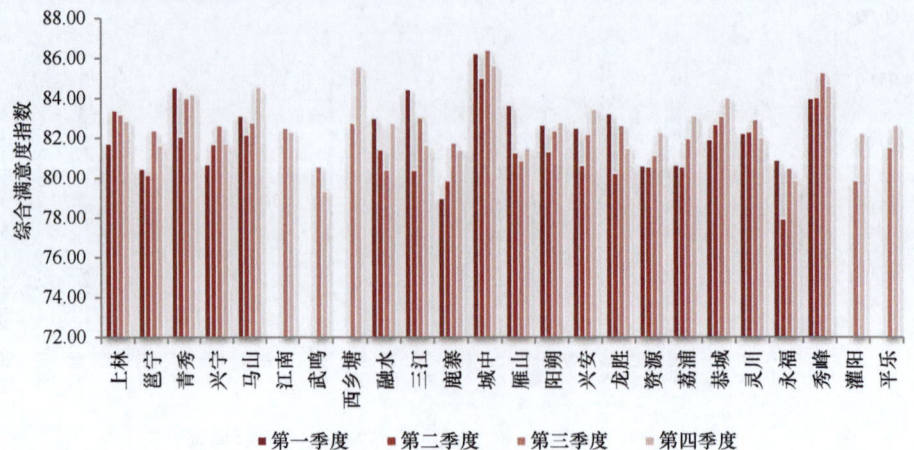

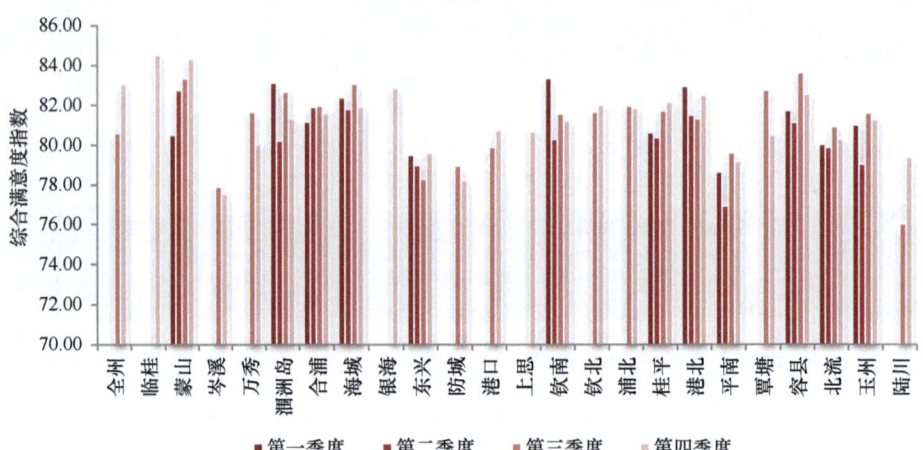

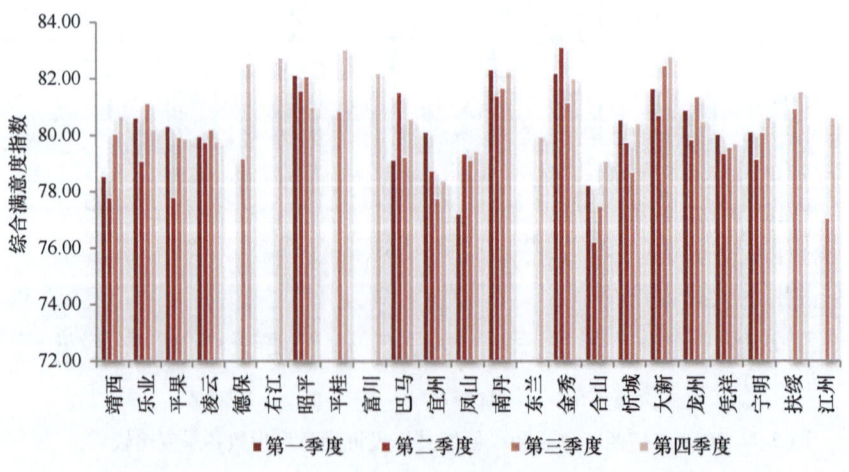

图 7-8　2019 年广西特色县和"创域县"综合满意度指数各季度比较

7.4.2 基本分析

1. 设区市游客满意度指数连续上升

2019 年第二季度和第三季度 14 个设区市游客满意度指数平均值分别为 80.05、80.47，本季度 14 个设区市游客满意度指数平均值为 81.15，分别较第二、第三季度上升了 1.10 和 0.68。三大二级指标中，本季度问卷满意度指数、舆情满意度指数与投诉满意度指数的平均值分别为 75.66、91.83 和 86.92，分别较第三季度问卷满意度指数（74.89）、舆情满意度指数（91.55）、投诉满意度指数（86.16）上升了 0.77、0.28 和 0.76。整体来说，本季度 14 个设区市游客满意度指数较前两个季度有所上升，这说明设区市进一步加强了游客满意度的管理工作并取得了一定的成效。

2. 设区市舆情满意度指数相对较高

本季度 14 个设区市舆情满意度指数平均值为 91.83，比问卷满意度指数（75.66）和投诉满意度指数（86.92）平均值分别高 16.17 和 4.91。数据表明，本季度 14 个设区市舆情满意度反映良好，舆情满意度指数相对较高并有所上升，反映了相关管理部门在舆情满意度方面做出了卓有成效的工作。

3. 设区市问卷满意度的所有二级指标值稳步提高

本季度 14 个设区市问卷满意度二级指标中总体评价、城市建设和管理、公共行业服务、旅游窗口服务和旅游特色五个指标平均值分别为 7.58、7.64、7.63、7.43、7.36，较第三季度总体评价（7.50）、城市建设和管理（7.57）、公共行业服务（7.53）、旅游窗口服务（7.38）和旅游特色（7.30）上升了 0.08、0.07、0.10、0.05 和 0.06。与此同时，二级指标中最高值也较第二季度和第三季度有所提升。这说明游客对 14 个设区市的总体评价、城市建设和管理、公共行业服务、旅游窗口服务和旅游特色满意度逐步提高。

4. 设区市与特色县和"创域县"游客满意度指数排名变化较大

2019 年第三季度 14 个设区市游客满意度指数排名前 7 的城市分别为：柳州、南宁、桂林、北海、钦州、梧州和玉林，而本季度排名前 7 的城市分别为：柳州、桂林、南宁、贺州、百色、北海和梧州，排名情况变化较大。同时，各特色县和"创域县"的排名情况也有一定的变化，上季度游客满意度指数排列第 1 至第 5 名的特色县和"创域县"依次是城中、秀峰、青秀、容县和蒙山，本季度前 5 名依次是城中、西乡塘、秀峰、马山和临桂。值得一提的是，临桂为新增调查县（区、市），在本季度成功闯入 5 强，说明临桂此前一直十分重视游客满意度工作，这值得其他县（区、市）学习借鉴。

5. 特色县和"创域县"游客满意度指数整体有所上升

本季度特色县和"创域县"问卷满意度指数、舆情满意度指数、游客满意度指数平均值分别为 75.67、91.31、81.59，较第三季度问卷满意度指数（75.21）、舆情满意度指数（90.61）、游客满意度指数（81.20）指数平均值分别上升了 0.46、0.70 和 0.39，只有投诉满意度指数较上季度略微下降 0.1。同时，每个指数对应的最高值也有所上升。此外，特色县和"创域县"游客满意度指数整体比设区市游客满意度指数略高，这种格局已持续多个季度，值得相关部门注意。

7.4.3 主要问题

1. 设区市之间游客满意度指数差距较大

本季度 14 个设区市游客满意度指数最高值为柳州（83.24），最低值为河池（78.93），二者相差 4.31。本季度问卷满意度指数、舆情满意度指数与投诉满意度指数的最高值分别为柳州（78.29）、南宁（92.63）、柳州（89.04），最低值分别为河池（72.80）、梧州（90.08）、贵港（84.90），三者分别相差 5.49、2.55、4.14。由此可以看出，设区市之间游客满意度指数差距较大，排名靠后的设区市可以主动向排名靠前的设区市学习。

2. 特色县和"创域县"投诉满意度指数有所下降

本季度特色县和"创域县"投诉满意度指数平均值为 89.67，最高值为 96.16，与上季度平均值（89.77）和最高值（98.00）相比，分别下降了 0.10 和 1.84。这说明特色县和"创域县"本季度在处理游客投诉工作方面有所松懈，导致游客满意度有所下降，必须敲响警钟。

3. 设区市与特色县和"创域县"的游客满意度总体水平波动仍然较大

如上分析，本季度无论是设区市还是特色县和"创域县"，与前几个季度相比游客满意度指数排名情况变化较大，这值得设区市与特色县和"创域县"相关管理部门深入思考。游客满意度是一个动态指标，受外在因素影响较大，需要常抓不懈才能保证其稳定与提升。

4. 特色县和"创域县"缺少特色旅游服务与活动

特色旅游服务与活动是吸引客源的重要因素，地区旅游服务与活动一旦缺乏特色就会导致地区旅游吸引力下降。游客满意度调查问卷结果显示，特色县和"创域县"总体缺少特色旅游服务与活动，游客体验感不强。同时，旅游特色活动内容单一，缺乏有亮点、有吸引力的旅游活动，没有更深层次地开发旅游活动，引爆市场的旅游产品比较少见。

7.5 2019年游客满意度调查情况

7.5.1 各设区市满意度指数年度比较

图 7-9 表明，各设区市 2019 年问卷满意度处于"基本满意"水平，年度平均值为 74.98。高峰值和低谷值相差 6.72 个百分点。除柳州、桂林、南宁、北海相对较高，崇左、来宾、河池略低外，其他城市处于中游，指标在 74.42～75.70 变动，差距 1 个百分点上下。

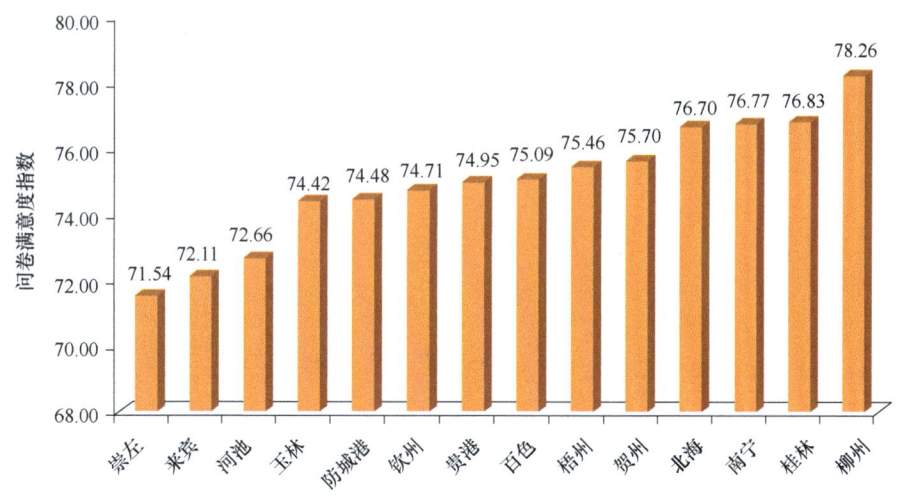

图 7-9　2019 年广西设区市问卷满意度指数比较

图 7-10 表明，各设区市 2019 年舆情满意度指标处于"非常满意"水平，年度平均值为 91.74。高峰值和低谷值相差不大，仅相差 2 个百分点左右。除崇左、梧州、河池三市略低一点外，其他 11 个城市指标在 91.49～92.54 浮动，差距约 1 个百分点。

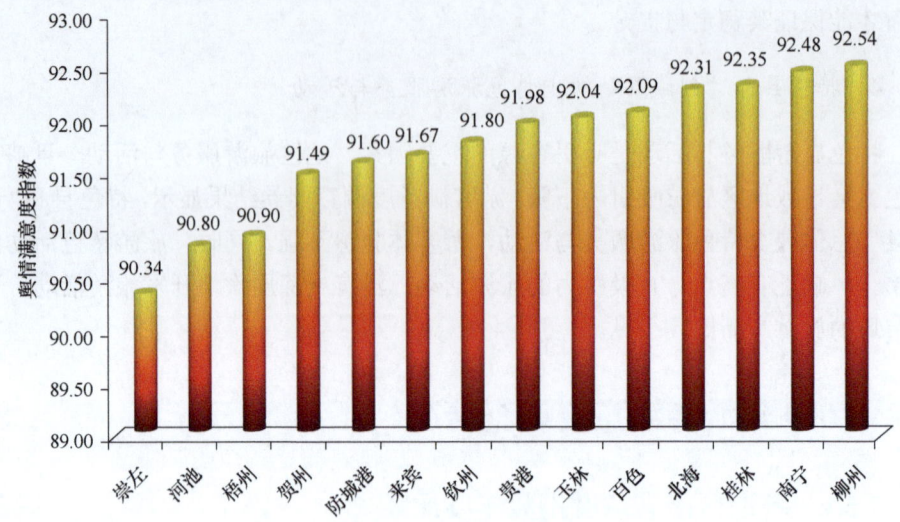

图 7-10　2019 年广西设区市舆情满意度指数比较

图 7-11 表明，各设区市 2019 年投诉满意度指标处于"满意"水平，年度均值为 86.57。高峰值和低谷值约相差 4 个百分点。仅有防城港的指标值低于 85.00，其他 13 个城市指标均处于"满意"水平中游以上。

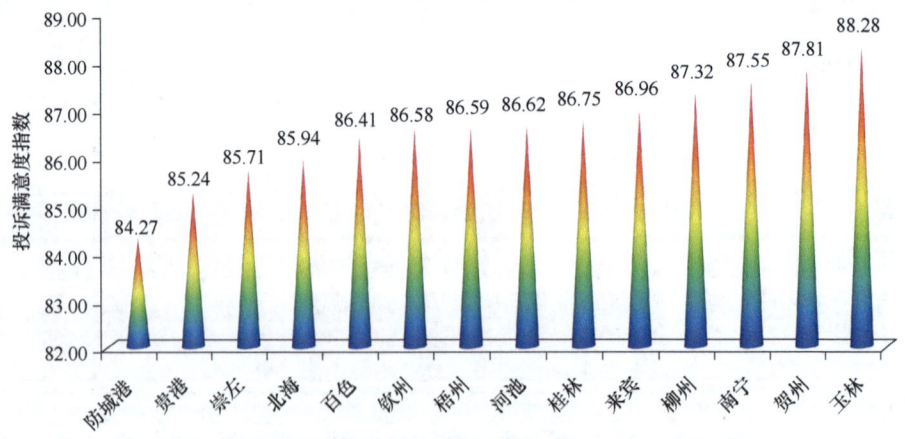

图 7-11　2019 年广西设区市投诉满意度指数比较

图 7-12 表明，各设区市 2019 年游客满意度处于"基本满意"与"满意"水平的过渡阶段，年度均值仅为 80.65。崇左、来宾、河池、防城港四市指标虽接近但均低于 80.00 的指标线；其他 10 个城市高于 80.00 的指标线，但全部在柳州峰值 82.93 下分布，指标最多相差 2.52 个百分点。高峰值和低谷值相差 4.79 个百分点，说明各设区市游客满意度年度表现存在一定的差距。

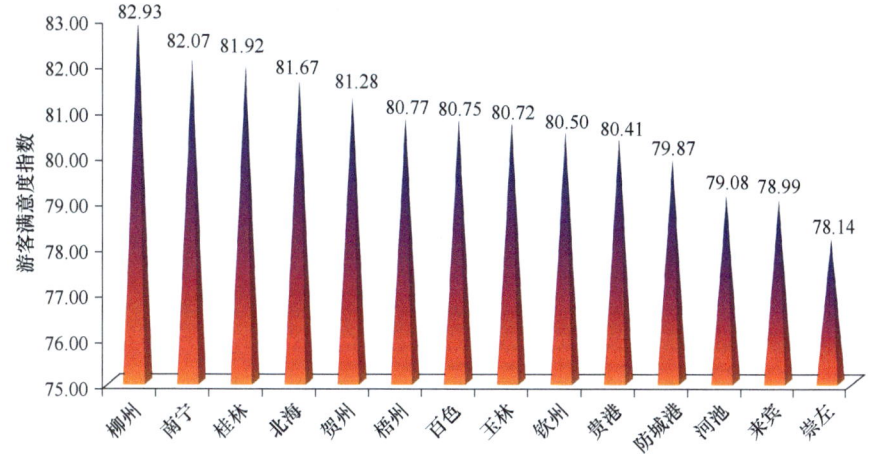

图 7-12　2019 年广西设区市游客满意度指数比较

7.5.2　各特色县和"创域县"满意度指数年度比较

图 7-13 表明，各特色县和"创域县"2019 年问卷满意度处于"基本满意"水平，年度平均值为 75.18。城中、临桂两县的指标值略高于"满意"水平的临界线，但高于均值水平 5～6 个百分点。高峰值与低谷值相差较大，城中比陆川高出 12.42 个百分点。

图 7-14 显示，各特色县和"创域县"2019 年舆情满意度指数平均值达到 90.82，总体处于"非常满意"水平，临桂（年度高峰值）与覃塘（年度低谷值）之间相差 7.67 个百分点。85.75～90.00 的各特色县和"创域县"有 19 个，占总数的 26.80%；90.11～93.42 分布着 52 个各特色县和"创域县"，上、下最大相差也仅 3 个百分点左右。

图 7-15 显示，各特色县和"创域县"2019 年投诉满意度指数平均值达到 89.50，总体处于"满意"水平。马山指标值 97.19 明显高于其他城市，东兴 83.49 处于低谷，高峰与低谷之间差距明显，多达 13.7 个百分点。共有 30 个各特色县和"创域县"指标超过 90.00 的分界线，能达到"非常满意"水平，其余 41 个则处于 83.43～89.85，高峰值与低谷值之间差距也达 6 个百分点。

图 7-16 表明，各特色县和"创域县"2019 年游客满意度指数平均值达到 81.20，总体处于"满意"水平。其中，有 18 个各特色县和"创域县"年度平均值低于 80.00，占总数的 25.4%，各指数值分布在 77.71～79.99，约差距 2 个百分点；另外，53 个各特色县和"创域县"指标分布在 80.10～85.83，最大值与最小值差距约 6 个百分点。年度高峰值与低谷值相差 8 个百分点，差距明显。陆川、岑溪、合山处在同一水平，距离"满意"水平还差 3 个百分点。

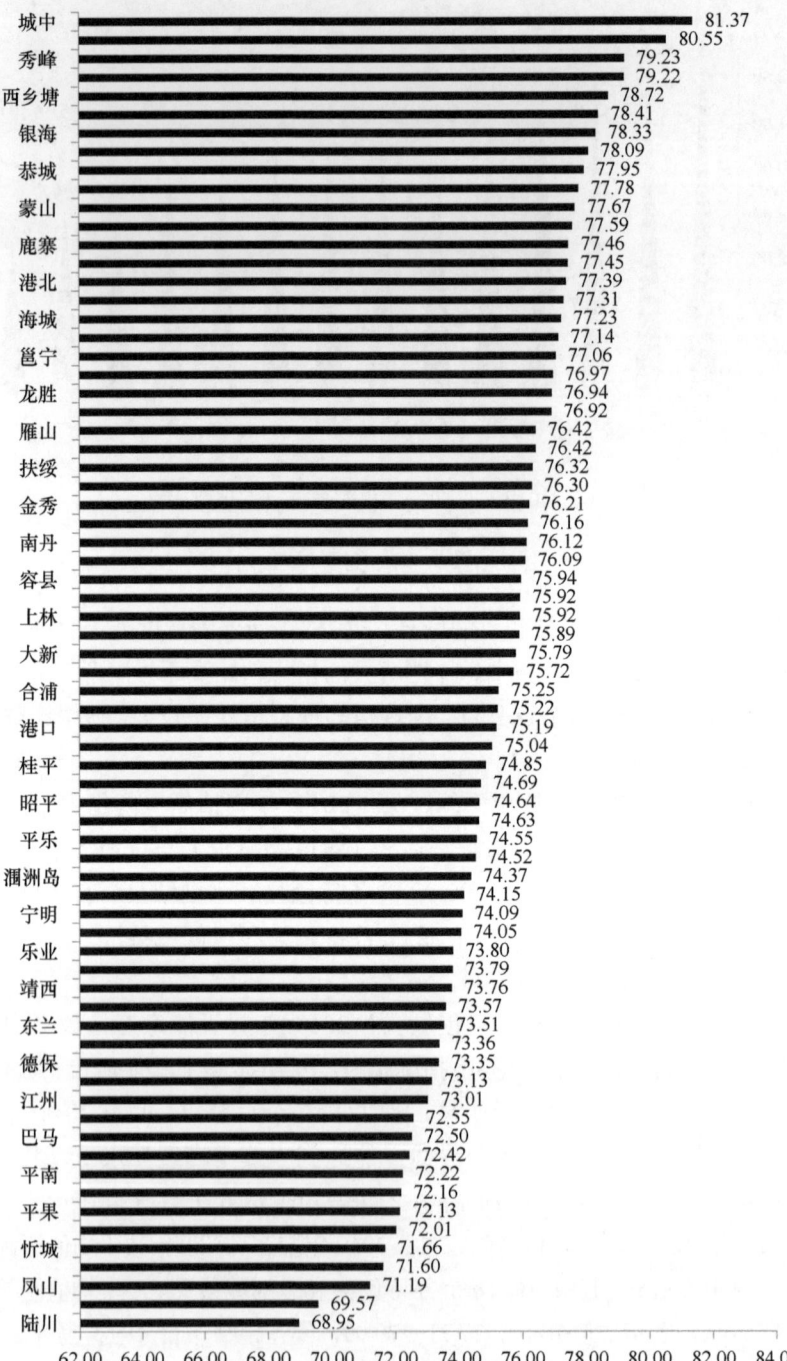

图 7-13 2019 年广西特色县和"创域县"问卷满意度指数比较

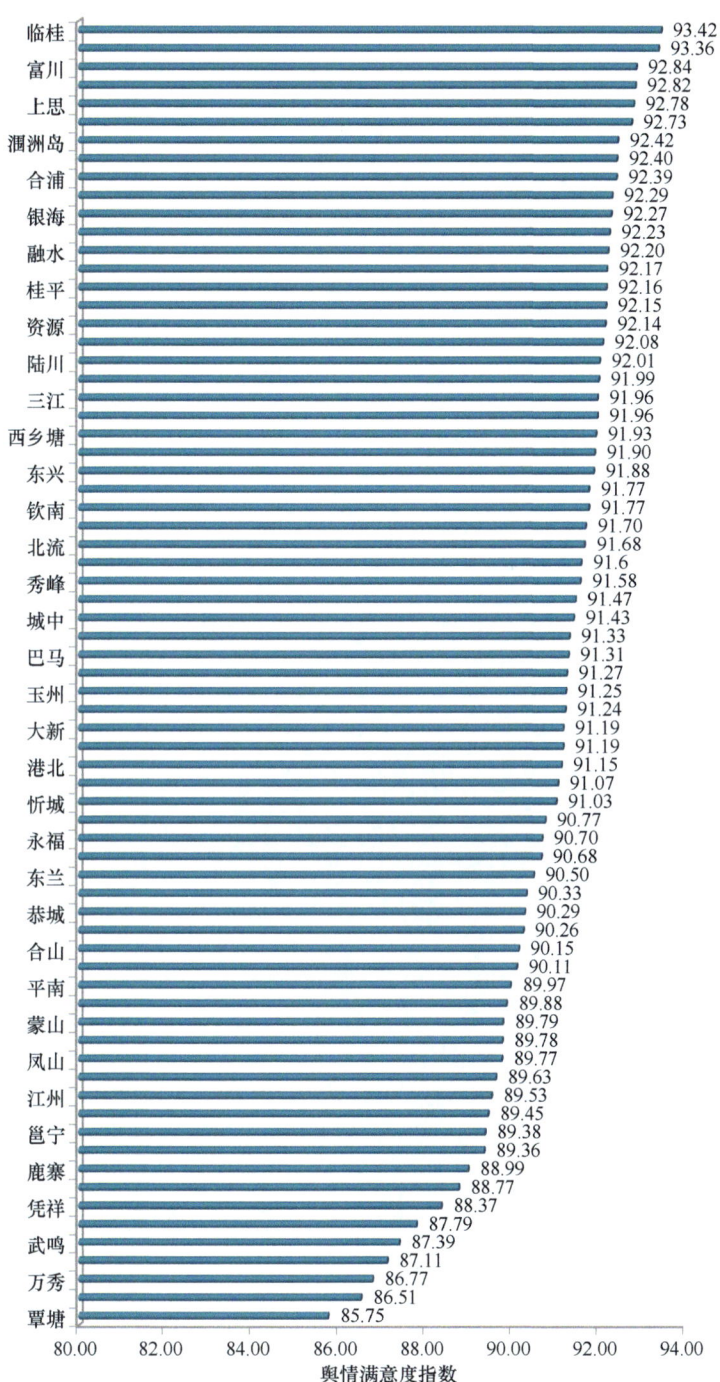

图 7-14　2019 年广西特色县和"创域县"舆情满意度指数比较

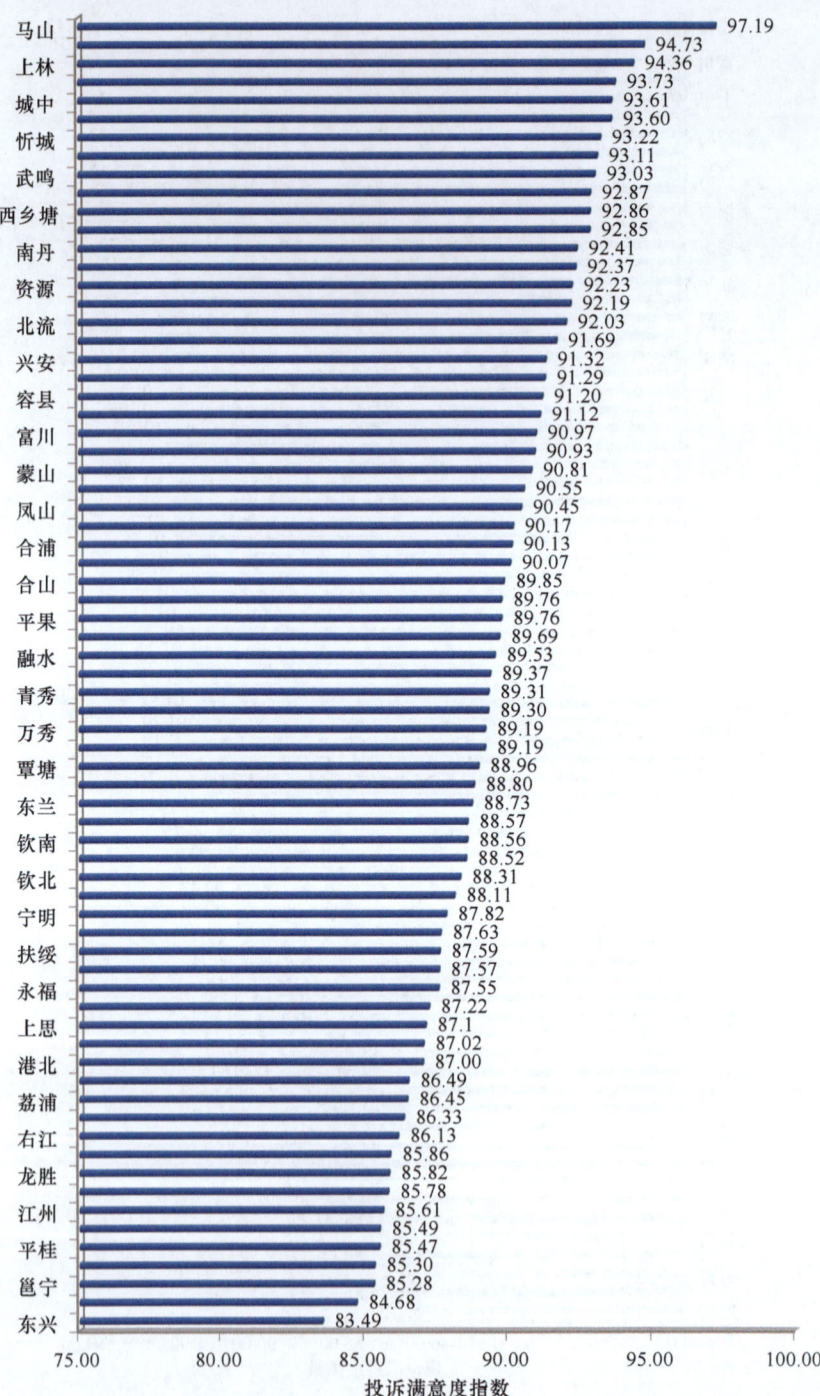

图 7-15 2019 年广西特色县和"创域县"投诉满意度指数比较

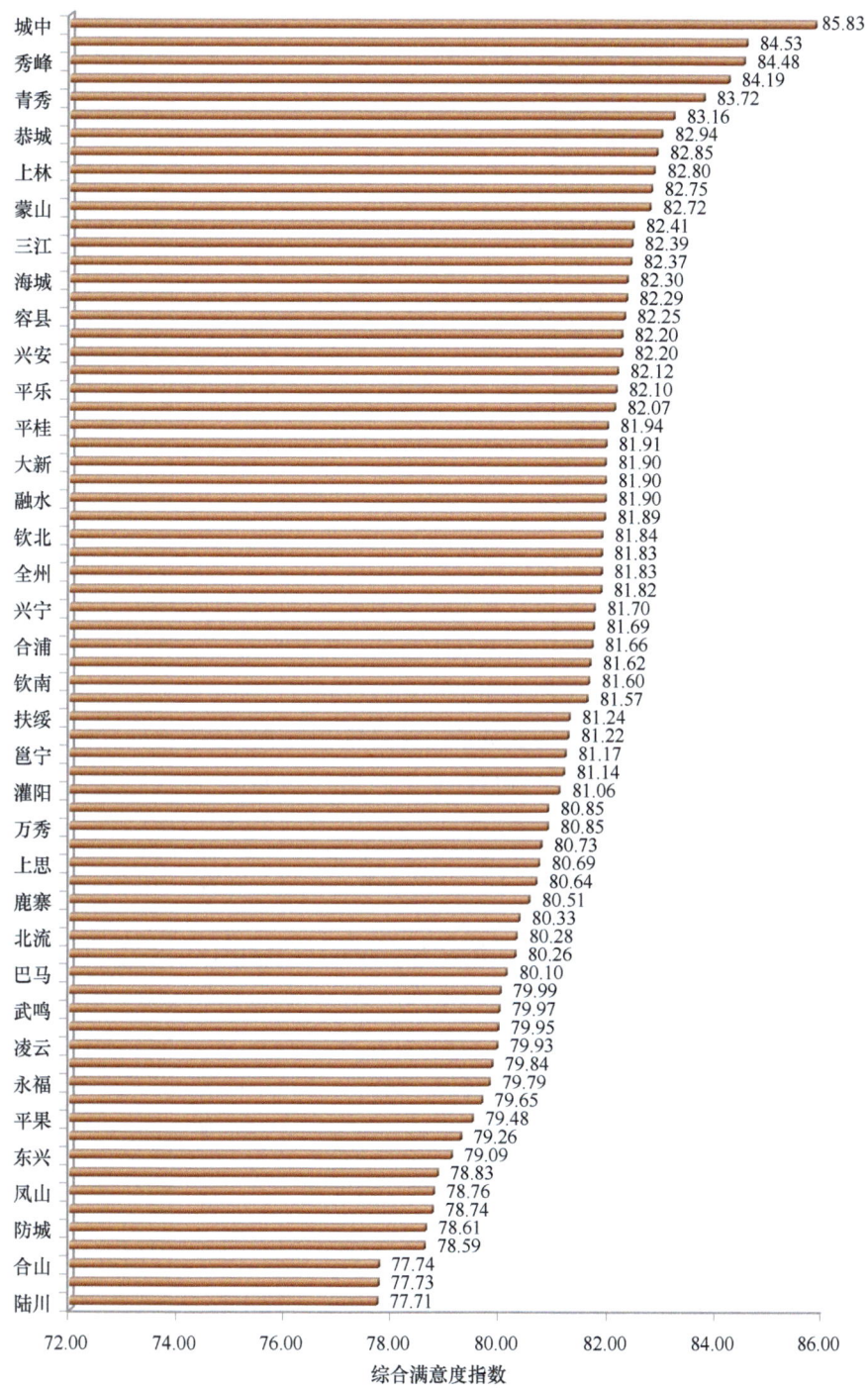

图 7-16 2019年广西特色县和"创域县"游客满意度指数比较

7.6　2019年工作相关建议

1. 政府发挥主导作用，加大政策扶持力度

政府在一个地区的发展中应该起主导作用，自治区、各地级市及各县（区）政府应分类指导当地旅游产业的发展，致力于提升旅游服务质量，以吸引更多的旅游者。广西旅游资源丰富，旅游开发较早，旅游业已成为广西经济发展的支柱型产业，旅游对广西的经济发展和城市建设都起到了积极的推动作用。政府应将广西的旅游发展作为一项重要工作，进一步加大对旅游行业的政策扶持力度，促进广西旅游业长远健康发展。

2. 树立可持续的新旅游资源开发及环境保护理念

旅游资源和旅游环境质量是旅游业赖以生存和发展的基础，要树立"绿水青山就是金山银山"的新旅游资源开发及环境保护理念。旅游对环境，尤其是自然环境造成的严重破坏不仅会阻碍旅游业本身的可持续发展，而且也会带来相关的负效益。广西应健全旅游环保的法律制度和管理制度，加强旅游环境保护知识的宣传教育，提高游客保护环境的自觉性。各级政府及景区管理部门应研究当地各个景区的环境容量，确保旅游资源得以永续利用。同时，广西应当基于自身资源优势，抓住时机，大力发展生态旅游。

3. 加大特色旅游产品开发力度，提供更多特色旅游体验

从舆情满意度的具体内容来看，游客对广西的特色旅游评价不高。产业融合可以创新旅游业态，开发更多更好的特色旅游产品。广西自然环境类型多样，农业、林业、水利、文化、体育和康养等各产业发展基础良好，以"产业+旅游"的形式可以开发乡村民宿游、休闲度假游、文化体验游、康养体育游、红色教育游、水利风景游及生态和谐游等多种具有广西地方特色的旅游产品，从而提高游客满意度。

4. 积极丰富旅游产品，全面带动区域旅游发展

结合游客人口学特征细分游客及其偏好，精细地设计符合不同游客的具有差异化的广西文化旅游产品体系，丰富旅游购物体验。突出旅游在设区市与特色县和"创域县"产业结构中的重要地位，把旅游作为未来产业发展的融合点、动力点与核心点，逐步打通旅游业与其他产业的关系，因地制宜形成"旅游+文化""旅游+农业""旅游+林业""旅游+商务""旅游+体育""旅游+工业"等全方位格局，

以旅游产业带动区域综合发展。

5. 加强旅游服务人员的系统培训

旅游服务人员是广西旅游形象的重要组成部分，如果旅游服务人员的专业素质高、专业技能强，则有利于提高广西游客满意度。如果旅游服务人员专业素质低、专业技能差，则会导致游客产生不好的旅游体验，从而影响游客对广西旅游的认识和评价。各级旅游管理部门应对导游及景区旅游服务人员进行职业道德教育与考核，加强标准化、个性化、细致化的服务，加强旅游服务人员的素质培养，让旅游服务人员能为旅游者提供优质的服务。

6. 促进城市旅游形象与品牌的建立

广西游客满意度调查包含对城市的整体形象感知，这种整体形象感知需要各部门扎实有效地通力合作才能完成。各地区需要从精心打造质优价适的旅游精品做起，并借鉴国际国内优秀经验，拓深旅游城市整体品牌的内涵，力争向旅游者推出独具特色、国内一流的知名旅游城市品牌。

第8章 广西旅游业的现状与问题

8.1 广西旅游业发展现状

8.1.1 广西旅游业总体发展现状

广西沿海、沿边、沿江拥有独具特色的山水文化、民族文化、边关文化、海洋文化、红色文化、长寿文化等宝贵资源。2013年以来，广西依托资源优势，实施政府主导，以"三区一带"（即桂林国际旅游胜地、北部湾国际旅游度假区、巴马长寿养生国际旅游区、边关风情旅游带）为龙头，形成以县域特色旅游为引领的全域旅游发展模式，以推进旅游强区建设。广西旅游业以年均20%以上的速度快速增长。2017年，全区旅游业综合增加值为3029.9亿元，对GDP的综合贡献率为14.9%，对服务业的贡献率为37.0%，对财政收入的贡献率为15.3%。2019年广西接待国内外游客共8.76亿人次，同比增长28.2%，实现旅游总消费10241.44亿元，同比增长34.4%。其中，接待入境过夜游客623.96万人次，同比增长11.0%，国际旅游（外汇）消费35.11亿美元，同比增长26.4%；接待国内游客8.70亿人次，同比增长28.4%，国内旅游消费9998.82亿元，同比增长34.5%。随着旅游产业的迅速发展，广西旅游知名度、满意度和影响力逐步提升。游客满意度调查结果也表明，广西游客满意度总体趋势是上升的。

目前，广西旅游业已经迎来大众旅游新时代、全域旅游新方位和品质旅游新战略的机遇期。广西全域旅游以创建特色旅游名县为切入点和着力点，同步开展特色旅游名县和全域旅游示范区创建工作，共同促进县域旅游转型升级，形成"双创双促"的全域旅游发展"广西模式"，不断推动旅游业由"景区旅游"向"全域旅游"发展，努力实现全民共享广西旅游发展成果。

8.1.2 广西游客满意度变化趋势

1. 各设区市游客满意度年度变化趋势

由图8-1可以看出，各设区市2016～2019年游客满意度指数的整体变化趋势是2018年指数最高，2019年出现下降趋势。贺州是个例外，2017年、2018年连续下降，2019年突然增长。四个年份中，2017年百色游客满意度指数最高，

2018年、2019年连续下降。柳州、百色、北海、贵港、来宾五个设区市游客满意度指数折线图变化幅度相对较大,其中贵港波动最大,达到4.5,其次是北海,达到2.51。游客满意度指数变化幅度最小的是防城港0.35,其次是南宁0.9,不到1。另外,除贵港2016年外,崇左的游客满意度指数在2017年、2018年和2019年均是最低值,且2016~2019年游客满意度指数均低于80.00,处于"基本满意"水平。

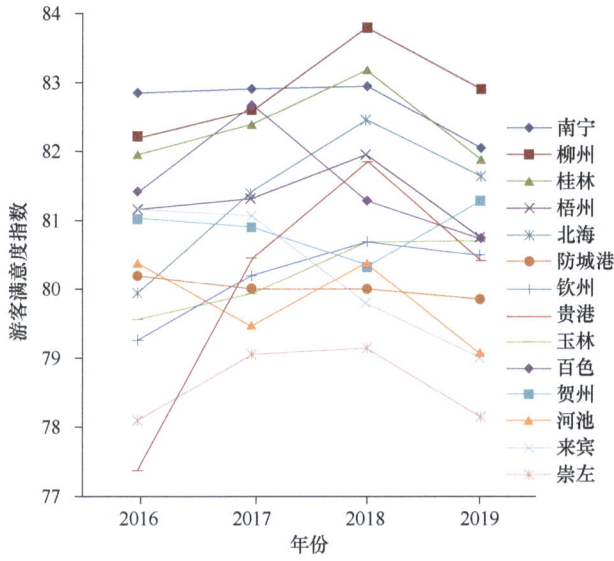

图8-1　2016~2019年广西设区市游客满意度指数比较

2016~2019年广西设区市游客满意度指数变化详见表8-1,2016~2019年广西特色县和"创域县"游客满意度指数变化见表8-2。

表8-1　2016~2019年广西设区市游客满意度指数变化

序号	设区市	2016年	2017年	2018年	2019年
1	南宁	82.87	82.93	82.97	82.07
2	柳州	82.22	82.62	83.81	82.93
3	桂林	81.98	82.42	83.21	81.92
4	梧州	81.17	81.33	81.98	80.77
5	北海	79.95	81.42	82.46	81.67
6	防城港	80.22	80.00	80.01	79.87
7	钦州	79.27	80.19	80.70	80.50
8	贵港	77.37	80.46	81.87	80.41
9	玉林	79.56	79.94	80.71	80.72

续表

序号	设区市	2016年	2017年	2018年	2019年
10	百色	81.42	82.69	81.30	80.75
11	贺州	81.04	80.91	80.33	81.28
12	河池	80.41	79.49	80.38	79.08
13	来宾	81.15	81.05	79.80	78.99
14	崇左	78.09	79.05	79.16	78.14

表 8-2　2016～2019 年广西特色县和"创域县"游客满意度指数变化

特色县和"创域县"	2016年	2017年	2018年	2019年
上林	82.57	82.44	80.59	82.80
融水	80.53	81.64	81.61	81.90
三江	82.85	83.06	80.51	82.39
阳朔	81.75	82.24	81.03	82.29
兴安	81.65	80.63	80.92	82.20
龙胜	83.98	83.31	81.91	81.89
资源	81.97	80.89	78.52	81.14
荔浦	83.26	83.26	82.00	81.57
蒙山	81.44	81.69	82.78	72.72
涠洲岛	78.69	79.93	78.73	81.83
东兴	80.31	79.91	77.93	79.09
钦南	80.54	81.49	79.66	81.60
桂平	78.47	80.88	79.74	81.22
容县	80.22	82.98	80.88	82.25
靖西	82.25	81.96	79.73	79.26
乐业	79.62	81.32	78.94	80.26
昭平	81.26	82.16	80.13	81.69
巴马	78.66	80.88	78.50	80.10
宜州	79.99	80.27	79.39	78.74
金秀	84.35	84.06	81.94	82.12
大新	81.37	82.24	80.40	81.90
龙州	79.75	81.93	79.60	80.64
凭祥	82.22	83.96	80.41	79.65
邕宁		81.61	79.98	81.17
鹿寨		78.34	77.45	80.51
雁山		82.13	81.92	81.82

续表

特色县和"创域县"	2016 年	2017 年	2018 年	2019 年
恭城		83.62	82.39	82.94
灵川		84.33	82.45	82.37
合浦		80.97	80.30	81.66
北流		79.79	77.05	80.28
凤山		80.39	77.62	78.76
合山		76.68	75.10	77.74
宁明		81.66	80.77	79.99
青秀				83.72
兴宁				81.70
马山				83.16
江南				82.41
武鸣				79.97
西乡塘				84.19
城中				85.83
永福				79.79
秀峰				84.48
灌阳				81.06
平乐				82.10
全州				81.83
临桂				84.53
岑溪				77.73
万秀				80.85
海城				82.30
银海				82.85
防城				78.61
港口				80.33
上思				80.69
钦北				81.84
浦北				81.91
港北				82.07
平南				78.59
覃塘				81.62
玉州				80.73
陆川				77.71

续表

特色县和"创域县"	2016 年	2017 年	2018 年	2019 年
平果				79.48
凌云				79.93
德保				80.85
右江				82.75
平桂				91.94
富川				82.20
南丹				81.90
东兰				79.95
忻城				79.84
扶绥				81.24
江州				78.83

2. 各特色县游客满意度年度变化趋势

从图 8-2 中可以看出，合山所调查的三个年份的游客满意度指数均低于 80.00，处于"基本满意"水平，只比蒙山 2019 年最低值 72.72 高。涠洲岛、东兴、宜州、靖西、桂平、巴马、乐业、龙州第一批特色县也均有两个年份游客满意度指数未达到 80.00 以上。第二批调查三个年份的特色县除合山外，凤山、鹿寨、北流三个特色县也均有两个年份指数未达到 80.00，且在整个 33 个特色县中，指数也相对较低。龙胜、金秀、凭祥在 2016 年、2017 年游客满意度指数明显高于其他特色县，接近或超过 84.00，且这三个特色县连续四年基本上均达到"满意"水平。

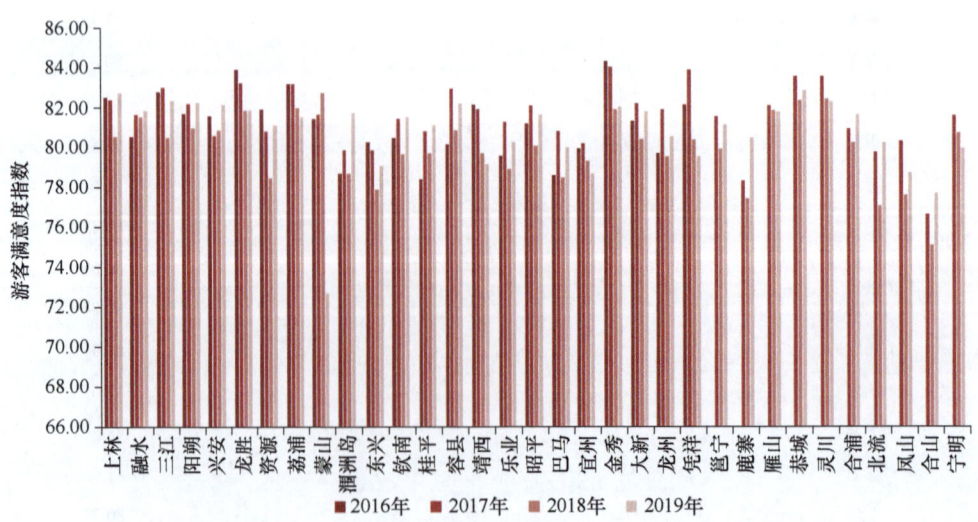

图 8-2 2016～2019 年广西特色县游客满意度指数比较

8.2 广西旅游业发展存在的问题

8.2.1 旅游基础设施与公共服务配套设施不够完善

旅游基础设施和公共服务配套设施是影响游客满意度的关键性因素之一。通过对广西游客满意度的调查发现，游客对广西旅游抱怨与投诉的重点之一是在旅游基础设施和公共服务配套设施方面。具体内容包括：①旅游交通不够通畅，如一些景区雨季时道路泥泞，另外一些乡村旅游区（点）的道路难以错车；②标识牌不统一，有一些标识牌指向不够精准；③一些景区、景点或公园可供休息的空间少，绿地面积少，缺乏休闲设施；④通信服务滞后，一些旅游景点所在的城区或景区的 Wi-Fi 覆盖率低、手机信号弱；⑤某些县城旅游基础设施滞后，如旅游咨询服务中心区位选址不合理、游客不容易找到，少数酒店设施陈旧；⑥不少城区和景区停车场及停车位不够，缺少汽车营地等。总体上，广西旅游大通道建设亟待提升，旅游交通设施急需完善；旅游服务和接待设施尚不够健全，旅游基础设施和公共服务配套设施建设等财政资金投入明显不足。

8.2.2 旅游供给侧改革有待深化

旅游业的供给改革是在旅游业领域内，按照国家供给侧改革的发展理念，调整旅游供给的总量和结构，从而更好地满足国民旅游需求的过程。其包含以下三个方面的内容：第一，增加旅游供给总量，提高旅游供给质量，调整旅游供给结构，补充公共旅游供给短板。近年来，通过对广西游客满意度调查发现，游客对广西旅游抱怨与投诉的另一个重点是在旅游产品供给方面，具体体现在旅游产品数量、种类和品质三个方面。调查发现，虽然广西各地的旅游资源非常丰富，但除了桂林和北海等几个旅游业发展较成熟的地区外，不少地区特别是特色县的旅游产品数量少、类型单一、同质化现象比较严重。例如，多数农家乐缺乏特色，不少地区开发同样的"花海"等；一些特色县甚至没有一个国家 AAAA 级旅游景区；广西一些过去旅游业发展较成熟的地区已出现开发落后、产品层次低、优质产品少、旅游品牌缺乏打造等问题。第二，从整体来说，广西旅游资源缺乏深层次开发，旅游产品结构不够完善。观光型旅游产品有待升级；休闲度假、养生旅游、民族风情旅游和文化旅游等产品有待拓展；会展旅游、康疗旅游、邮轮游艇旅游、自驾车旅游、内河旅游、山地旅游、列车旅游和低空旅游等高端和新型旅游产品有待深入开发。第三，旅游产业结构有待进一步优化。产业融合力度不够，旅游新业态的培育有待加强，旅游供给不能满足多样化的旅游需求。

8.2.3　旅游形象需要品牌创新

旅游形象的竞争已成为旅游市场竞争的主导形式之一。旅游形象的塑造对旅游业发展和游客满意度提升具有举足轻重的作用。如果一个旅游地形象模糊混乱，则很难对潜在的旅游客源群体产生吸引效应，同时还会使现实的旅游者的旅游经历平淡，降低其回头率。而个性鲜明、亲切感人的旅游地形象是形成庞大旅游市场的源泉，并可以在旅游市场形成较长时间的垄断地位。在游客满意度调查中发现，广西各设区市、特色县和"创域县"以及主要旅游景区等旅游形象口号冲击力、吸引力不足，影响游客满意度的提升。旅游形象及相应的旅游宣传口号是一个地方旅游品牌的灵魂，是旅游品牌走出去的靓丽名片和动人音符。旅游形象及宣传口号凝结了一个地方的文化精髓，是地方的文化灵魂，不仅能让人眼前一亮，还能让人记忆深刻。很多省份借助旅游形象口号的传播，扩大了知名度，在游客心中烙下了独具特色的心灵印记。因此，广西要提升游客满意度，则需建立旅游品牌体系，塑造良好的旅游形象。

8.2.4　旅游信息化管理水平尚需提高

强化旅游科学管理、提供智慧旅游服务、满足游客个性化旅游服务需求是提升广西游客满意度的又一重要途径。近年来，通过调查发现，不时有游客抱怨广西一些县（区、市）的旅游管理工作做得不到位，大到节假日游客分流，小到黄金周一些景区的秩序维护，都存在较多的问题。进入全域旅游时代，旅游管理从旅游行政管理转变到旅游大众治理，需要采用更多的现代信息化管理手段为游客提供智慧化和个性化的服务。而这一工作同样需要当地政府主导进行旅游管理体制与机制的创新，特别要在职能组织、审批管理、资源开发与产业管理、旅游规划、行业组织等方面加强体制机制的创新。

8.2.5　旅游服务水平需要提升

旅游服务是旅游业服务人员通过各种设施、设备、方法、手段、途径和"热情好客"的表现形式，在为游客提供能够满足其生理和心理的物质和精神的需要过程中，创造一种和谐的气氛，产生一种精神的心理效应，从而触动游客情感，唤起游客心理上的共鸣，使游客在接受服务的过程中产生惬意、幸福之感，进而乐于交流、乐于消费的一种活动。广西在交通、餐饮、住宿、购物、旅行社、在线旅游经营、导游和领队等服务水平方面都需要不断提高。

8.2.6 提升游客满意度的长效机制需完善

通过定点拦截访问、网络舆论评价、当地旅游投诉分析等方式发现并反馈的问题,在一些县(区、市)得到了较好的解决,但有些县(区、市)没有解决到位,其中个别县(区、市)还存在着比较严重的问题。因此,需要各有关部门进一步提高对游客满意度工作的重视程度,从城市建设和管理入手,以公共行业服务为切入点,按照"长期工作抓规划,短期工作抓落实"的思路加强监管,不断提高本地游客满意度水平。

8.2.7 旅行社经营管理体制需要革新

首先,虽然旅游行业是我国改革开放的先导,是始终和国际接轨的行业,但由于内部管理体制与市场经济发展不相适应,旅行社行业一直处于"弱小散"的状态。广西旅行社行业中个人内部承包、"部中部"的现象较为普遍,内部承包使得旅行社设立的准入门槛相对降低,经营许可形同虚设。这些从招徕、计调、接待到结账一手清的小而全的个人承包业务经营体制致使部分旅行社的内部管理混乱。内部承包、挂靠的经营者不想对旅行社进行大投入,被承包、挂靠的旅行社也不想有什么投入。经营者的责、权、利分离,导致对企业资本扩张缺少内动力。旅行社资本的扩大和资产的增值实际上处于停滞不前的状态,企业发展多年往往还是老样子。其次,从广西旅行社的经营机制来看,内部管理松散,人员变动较多,旅行社的相当部分从业人员为追求短期效益,急功近利,对企业的长期发展关心较少,对新产品开发和新市场开拓也不想有更多的投入。为压缩成本,往往在重复的市场上推销重复的产品,拉重复的客户,形成低层次价格竞争,造成旅游服务质量的不稳定,导致经营风险集聚,违规操作引发三角债等经营纠纷时有发生。短期经营行为严重影响旅行社的信誉和进一步的发展,由此形成的恶性削价竞争则是广西旅游市场出现混乱的根源。

8.2.8 旅游行业市场管理不够严厉

通过对广西各设区市、特色县和"创域县"游客满意度调查,可以发现广西旅游业市场经营开放度较高,但对全社会办大旅游的负面效应考虑不周、市场应变能力不强等诸多因素致使广西旅游市场管理存在一些问题。旅游市场内部还存在着不同程度的业务操作不规范、低价格竞争、从业人员素质偏低、管理粗放、服务质量差等问题。"黑社""黑车""黑导""黑店"等影响广西旅游整体形象和旅游投资环境,妨碍国内外知名旅游企业进入。

8.2.9　旅游整体营销力度有待加强

由于政府财力有限和当地有实力的旅游企业不多，旅游宣传促销的资金投入较少，难于形成较为系统、长久和较大规模的促销。广西各设区市、特色县和"创域县"大部分旅游宣传促销手段和方法比较单一，自媒体运用不够充分，旅游网红营销缺乏，旅游形象宣传与旅游产品经营常常脱节。一些节庆活动重形式、轻内容，短期热闹一阵，长期效果就不明显。同时，广西有经验的宣传促销人才缺乏，也使得旅游宣传促销难以出新、出彩，难以吸引游客。一些旅游热点地区没有充分发挥当地主要旅游产品的辐射作用，在产品包装策划宣传时，没有把周边县（区、市）的旅游产品很好地融入组合包装形成有机整体，导致客源共享度较低。

第 9 章　提升游客满意度的总体对策

9.1　建立提升游客满意度的长效机制

在对广西各设区市、特色县和"创域县"游客满意度调查中发现，问卷满意度、舆情满意度、投诉满意度、游客满意度偶尔会出现某季度下降的情况。因此，如果要保持游客满意度持续稳定上升，还需要各地、各有关部门及单位认真总结和健全完善各项管理办法及具体措施，尤其是高度重视与建立长效机制，促进游客满意度工作的制度化、规范化、标准化、常态化。

9.1.1　构建长效的组织保障体系

广西各县（区、市）应成立游客满意度提升专项行动领导小组，强化对提升游客满意度工作的统一领导，并层层落实责任。游客满意度提升专项行动领导小组由各地政府主要领导任组长，分管市长、区长或县长任副组长，政府办、交通运输、文化旅游、公安、住建、城管、宣传、生态环境等单位为小组成员，下设办公室，设在文化旅游部门，办公室主任由文化旅游部门主要负责人担任。县（区、市）各有关部门、单位要成立专门机构，明确分管领导和责任科室。根据长期行动方案要求，进一步细化、量化工作任务和工作措施，全力推进各项工作，确保各项目标任务落实到位。有关镇（区、街道）也要成立工作班子，明确分管领导和联络员，结合本地实际制定具体工作方案，认真组织开展本地游客满意度提升工作。

9.1.2　健全长效动态监测与预警体系

1. 游客满意度动态监测与预警机制的重要性

随着经济发展和人们生活水平提高，我国旅游将进入全民休闲时代。在旅游竞争越来越激烈的市场环境中，游客满意度已逐步成为旅游企业和政府部门最重视、最关心的问题之一，因为游客满意度不仅是旅游企业经营活动的根本，也是增强旅游企业核心竞争力的重要一环，更是旅游景区得以持续发展的基本保障。建立游客满意度监测与预警机制既可以监测游客满意度的变动趋势，并评价各种状态下游客满意度偏离预警线的强弱程度，又可以及时向政府部门或旅游企业发出预警信号，使其提前采取预控对策。游客满意度的动态监测与预警指标体系必须建立在测算游客满意度指标体系的基础上，这样才能成为准确、有效反映游客满意度变化态势的预警工具和方法。

2. 动态监测与科学预警体系的指标设计遵循原则

第一，整体性与科学性。游客满意度监测与预警的指标体系同旅游业现实发展的多方面因素相关，具有复杂性和综合性的特点，因此要求指标体系中各项指标的定义清晰、计算方法科学合理、评判标准规范全面等，能够科学地反映游客满意度监测与预警系统的各方面特征，全面阐述游客满意度监测与预警系统的状态、变化趋势以及内在机制等。第二，可比性与易获得性。为了便于对游客满意度监测与预警系统的定量分析，确定的各项指标的数据资料应易于搜集整理、计算分析等，以保证评价结果的可信度。同时，所选指标需具备纵向、横向可比性的特点，既能够保障结果的准确性和客观性，又能够科学分析各区域间游客满意度的共性与个性的特征。第三，稳定性与动态性。游客满意度的警情状态及变化趋势会因时间和地区的不同而发生改变，因此该指标体系需要具有动态性与稳定性相结合的特征，既能够科学地分析与衡量游客满意度警情的状态及发展趋势，也能够确定合理预警的阈值范围，维持警情的相对稳定性。

3. 动态监测与预警系统的实践

构建科学合理的评价指标体系是游客满意度动态监测与预警系统的核心环节，其与预警评价值测算结果的正确性和客观性密切相关。游客满意度动态监测与预警指标体系的构建，应根据广西旅游业发展的现实状况，结合影响游客满意度的多方面要素，遵循数据易获得性、数据权威性、结构科学性、动态合理性及可量化性等原则，不仅要用数理模型指导游客满意度的各项调研工作，同时，也要及时把调研数据和分析结果反馈到模型中，纠正和纠偏模型的误差，从而更精准地提供监测与预警服务。

9.1.3　制定提升游客满意度的行动方案

游客满意度提升是一个长期的过程，需要持续投入和稳定发展，这就要有一个长远的规划，同时也要有短期行动计划推进游客满意度不断提升。行动方案要根据地方旅游发展实际和游客满意度现状，找准差距和薄弱环节，明确工作目标、责任分工和具体措施，分重点、有步骤地进行改进和提升。长期实施方案要根据旅游发展规律，科学制定游客满意度提升计划、方向和重点；短期实施方案要有可操作性，要量化、细化，明确责任分工，明确任务到人，将各项工作落实到位，确保游客满意度提升工作的顺利完成。

9.1.4 完善提高游客满意度的奖惩机制

政府要定期督查提升游客满意度的各项工作，确保各责任部门按工作方案扎实推进。安排专职领导负责，指定专人联络，定期书面汇报，提升游客满意度工作落实情况。把本项工作纳入各责任单位部门年度绩效考核范畴，绩效办结合实际情况予以督查，并实行奖优罚劣，建立长效机制，确保该项工作真正落到实处，见到实效。

各旅游企业务必高度重视游客满意度提升工作，树立企业的良好形象，不断提高企业的知名度和美誉度。游客满意度提升专项行动领导小组相关部门将适时对各旅游企业开展相关工作检查，对工作做得好的给予表扬，对工作不力，甚至影响城市旅游整体形象的要进行通报批评。

9.1.5 共建旅游纠纷处置应急联动机制

广西各县（区、市）应加强旅游投诉服务热线的旅游服务职能，24小时受理旅游投诉。旅游、公安、监管、工商、交通等部门之间应加强涉旅纠纷处置的联动合作，共同协调和建立涉旅投诉应急联动机制，做到及时响应、及时处理，防止矛盾激化，共同积极构建重大事件纠纷处理的闭环响应体系，制定详细的时间响应、物质响应、信息响应、资金响应、处罚-赔偿响应、社会影响应急响应、事后跟踪响应等闭环流程节点、责-权-利操作细节等。

公安部门做好涉旅重大节庆活动的安全管理和应急处置工作。安监部门开展安全生产大检查，及时掌握安全信息，及时报告发现问题。

食品药品监管局开展以景区餐馆、渔家乐、农家乐为重点的旅游市场餐饮服务食品安全整顿，重点检查经营者餐饮服务资质和备案登记；严查从业人员健康体检和培训情况，严查索证索票、进货验收、台账登记等制度的落实情况；认真核查餐饮服务单位进货渠道是否正规安全；检查餐饮服务单位是否严格执行餐饮服务食品安全操作规范，严防使用劣质食用油、不合格调味料，严防滥用食品添加剂等。

工商部门协助组织开展打击"黑导""黑社""黑车""零负团费"，依法严厉查处旅行社及导游人员的违法违规行为，切实保障游客的合法权益。重点打击各旅游景区（点）、火车站、汽车站等重点区域的无照经营、虚假宣传、欺客宰客等不法行为。检查旅行社是否按要求投保和填报责任险，是否超范围经营，是否以不合理低价招揽游客，安全制度、应急预案是否完善，旅游安全告知义务是否履行到位，是否按法规要求缴存保证金等。严肃查处旅行社欺诈游客、擅自增加自费景点、乱收费、中途甩客等违规行为。

交通运输部门加强对旅游包车的交通安全管理工作，严厉查处非法从事旅游客运和"黑车"拉客等行为；整治各种不文明交通行为，严厉打击各种非法营运行为，加大对违章行驶车辆的处罚力度。增加至各景区、景点的旅游大巴或公交车，增加公交车的发车车次，加大宣传力度。法院成立旅游巡回法庭，现场快速调处化解旅游纠纷，为游客维权提供有力的司法保障。

9.1.6 强化长效的旅游综合执法力度

积极推进旅游综合执法机制建设，持续开展旅游市场专项整治行动，联合开展执法检查，严厉打击非法经营旅游业务、价格欺诈等违法行为；严肃查处"不合理低价游"、未经游客同意擅自转团拼团、擅自变更旅游行程、超范围经营等违规行为，依法规范旅游市场秩序，切实维护广大旅游者的合法权益。组织旅游志愿者、旅游从业人员深入旅游景区、机场、车站等游客集散地，大力开展"双倡双劝""提个醒""随手拍"等宣传引导活动。严格实施游客不文明行为记录制度，对造成恶劣社会影响的旅游不文明事件予以曝光并向社会公布。实施推进"优质旅游服务经营单位""优质旅游服务部门""优质旅游服务明星员工"评选活动。在此基础上，建立旅游服务质量信息发布制度，委托相关机构定期向社会发布旅游服务质量报告，进一步提升旅游服务热线平台的服务功能，使旅游服务热线平台成为面向公众、覆盖全行业、全要素的旅游服务信息化网络，成为全社会了解旅游行业服务质量信息的综合服务平台。

9.2 构建面向未来的"旅游生态"

9.2.1 "旅游生态"存在的问题

当前我国旅游市场"零负团费"经营模式普遍，旅行社承包、挂靠现象普遍，加剧了低价恶性竞争；旅游商品购物点、旅游景点的门票和旅游酒店的住宿费用虚高标价，导游获取回扣问题严重。虚高标价，导游和经营点相互勾结，从而获取回扣在旅游业是普遍存在的现象，其既严重影响了旅游形象和旅游服务质量，也不利于自助式的散客旅游的发展壮大。此外，我国各个旅游城市和地区都不同程度地存在"四黑"现象。欺客宰客、兜售假冒伪劣商品、海鲜大排档等旅游餐饮点的短斤缺两，以及"黑团""黑车"甩客现象等都是游客常有的投诉。广西旅游也或多或少地存在这些问题。为了提升广西游客满意度，实现广西旅游业健康、可持续发展，必须要构建面向未来的"旅游生态"。

随着大数据和人工智能时代的到来，广西构建良好的"旅游生态"不能光靠旅游综合执法，而应顺应时代潮流，提前研究、布局和应用区块链等前沿数字科技，重塑面向未来的"旅游生态"。

9.2.2 区块链技术在旅游业的应用前景

近年来，"区块链技术""区块链实景落地""区块链+"等专业名词已经慢慢地进入大众的视野，并且各行各业都逐步加入区块链发展的行列，想在区块链"一夜暴富"的梦想里分一杯羹，这说明区块链时代正悄悄地向我们走来。区块链解决的是价值交换的问题，但这种价值不仅包括商品的价值，还包括其他表现方式的价值。区块链本质上是一个分散化和不能篡改的网络数据库，能够对数据起到保护的作用。放置旅游行业，能够想到的就是空间、交易、产品，而这些都能够和区块链特征相互对应。区块链旅游服务平台业务涵盖酒店预订、票务预定、景区查询等，支持其他在线的文旅平台和旅游服务商的加入，为打造完整旅游行业链奠定基础，推动旅游业发展。区块链旅游服务平台利用区块链技术，搭建了一个去中心化的文旅生态服务系统，保证平台的公正透明，利用区块链的非对称加密技术，保护每一个参与者的个人信息，从根本上解决现阶段旅游服务平台中存在的信用问题。

旅游体验其实就是价值交易，在互联网模式下的旅游消费很难得到保障。但是区块链技术下的旅游消费都是通过加密技术保护的，基于区块链技术，将游客和商家之间的信任进行捆绑，逐步构建诚信旅游体系。

区块链技术在旅游业的应用还处在概念导入期，虽在多种实体场景逐步应用，但是还处于初级阶段，所以借助区块链的思想去分析未来的旅游行业，旅游行业将从概念层面、应用层面、创新层面等多方面迎来时代性的改革，这将会重塑旅游行业生态体系。广西旅游理应把握这一时代机遇，构建面向未来的、具有广西特色的"旅游生态"。

9.3 提高旅游服务软硬件水平

旅游服务质量是提升游客满意度的关键因素，是一个地方旅游产业综合竞争力的重要标志，是展现地方历史文化内涵、宣传地方特色、增强景区景点吸引力最有效的方式。只有在各个环节全方位地做到高质量水平，才能赢得游客的信赖与好口碑。当前，旅游市场中存在的虚假宣传、强迫消费、安全卫生等问题在有些地区依然较为突出。为进一步提高旅游管理服务水平，提升旅游品质，推动旅游业高质量发展，文化和旅游部出台了《关于实施旅游服务质量提升计划的指导意见》（文旅市场发〔2019〕12 号）。广西旅游要全面提升服务质量，要从旅游服务的硬件和软件两方面着手。旅游服务硬件指旅游基础设施和公共服务配套设施，旅游服务软件指旅游服务人员服务理念、服务方法、服务体系、服务产品体系、服务群体细分、服务效果跟踪反馈等集成的综合服务系统。

9.3.1 提高旅游服务硬件水平

1. 构建便捷旅游交通网络

打通"三区一带"（即桂林国际旅游胜地、北部湾国际旅游度假区、巴马长寿养生国际旅游区、边关风情旅游带）旅游大通道，建成一批体现广西特色的精品旅游公路风景线。4A 级以上景区根据实际情况开通城市公交、景区直通车等服务，形成"站景通、城景通、景景通"的便捷旅游交通格局。

2. 加大旅游服务设施的配套建设

在城市出入口、道路交叉口、机场、高铁站、汽车站、公交站点、各个景区景点设立醒目的旅游指示牌；在景区景点内外设立可供游客休息的长椅等设施；把旅游和地方文化的宣传结合起来，增加文艺表演和民俗体验；加强对各个景区景点停车场、卫生设施的管理。

3. 更新和完善游览项目及服务设施

按照旅游项目生命周期理论，及时更新和拓展新的游乐设施、服务设施等服务内容，为游客提供更多的咨询、投诉服务、导游服务，增加人性化服务项目，高质量地满足游客差异化需求；同时，对已陈旧的引导标识，如导览牌、标识牌、景物介绍牌等进行同步更新；印制各类公众信息资料，如导游图、宣传折页等，便于游客索取和了解旅游信息；讲解员统一进行公示，持证上岗，根据游客的不同需求提供个性化服务；增加游客公共休息设施，满足游客高峰时期的需要。

4. 逐渐推进智慧文旅产业全覆盖

以点、线、面、体为基础，构建自治区、市、县三级联动的智慧文化旅游监管平台和综合服务平台，完善"一部手机游广西"App 功能，大力推广互联网新兴支付方式。争取尽快实现广西所有文化和旅游消费场所都能支持银行卡或移动支付，互联网售票和 4G、5G 网络覆盖率超过 90%，未来实现全覆盖。

5. 着力推进旅游"厕所革命"

广西所有厕所具备水冲、盥洗、通风设备并定期进行维护，或使用免水冲生态厕所。将旅游厕所建设管理评价纳入旅游景区、旅游度假区、特色旅游目的地创建和评定指标体系，实现"数量充足、分布合理、管理有效、服务到位、卫生环保、如厕文明"的目标要求。

6. 做强做优旅游住宿服务设施

各设区市、特色县和"创域县"大力发展一批特色鲜明、主题突出、品质优良的精品旅游酒店，丰富住宿产品供给。指导旅游住宿企业落实卫生、服务、质量、安全等方面的标准，促进旅游住宿业规模不断扩大、品质不断提升。

7. 塑造广西特色和品牌化的餐饮服务设施

鼓励各地深度挖掘地方饮食文化，引导餐饮企业开展品牌化、连锁化、特色化经营和服务，壮大餐饮产业规模，传承、推广与宣传一批广西餐饮老字号。指导餐饮企业逐渐加大餐饮硬件投入、服务环境提升，同时着力提升卫生、服务、安全等方面的管理水平，确保让消费者吃得舒心、安全、放心、环保。

9.3.2 提升旅游服务软件水平

1. 树立人性化服务理念

旅游的文明程度在一定意义上代表了一个城市的文明程度，文明化、人性化的旅游城市也是每个城市追求的目标。同时，将游客满意作为旅游发展的抓手，有利于为游客营造一个环境优美、生态良好、文明和谐的场所。景区要把游客视为上帝，通过开设网站留言板和电子信箱、意见箱、热线电话、咨询台、座谈会、问卷调查等多种形式，面向社会征求管理意见和建议，最大限度地调动广大游客的参与热情，邀请游客共同参与谋划景区发展的美好前景。为了能够在第一时间收集游客对景区建设、服务、管理等工作中存在问题的意见和建议，景区管理单位还可以特别设立公开接待日，通过随时接听和电话预约相结合的方式，及时回复游客和群众的咨询和意见建议。对于老年人、孕妇、儿童、残疾人等特殊群体，可以考虑成立特殊服务小组，积极吸收青年志愿者参加，有针对性地开展"一对一"和个性化服务，满足游客需求。

2. 建立旅游服务质量督察制度

发挥社会力量和新闻媒体的监督作用，对宾馆、酒店、旅行社和旅游服务人员的服务质量进行经常性的跟踪监督,并将他们的评价作为宾馆、酒店、旅行社和旅游服务人员评优的重要依据;将新闻媒体曝光与强化旅游主管部门的行业管理结合起来,发现问题并及时解决。

3. 强化旅游安全体系

完善安全机构,明确责任分工;制定突发事件处理预案,建立紧急救援机制,设立医务室,配备专职医务人员;对交通、机电、游览、娱乐、消防、防盗、救护等设施和重点部位进行安全检查,发现隐患,及时排除;加强夜间安全管理,提高夜间安全管理的级别;加强旅游景区安全管理培训工作,全方位提升安全管理意识和技术素质。

4. 健全游客投诉处理-信息反馈系统

作为旅游区管理者,除了要关注硬件设施的完好、环境的美化、服务的态度等重要因素之外,更应关注在服务过程中和服务提供后,顾客对服务质量的不满、抱怨和投诉,以便对服务中出现的问题和差错给予及时、稳妥、合理的处置;建立和健全游客投诉机制,建立投诉信息及时接收、快速处理以及信息快速反馈的实时监控系统,避免出现类似错误。

5. 建立系统化的顶层培训战略和实施方案

对广西层面、设区市、特色县及"创域县"的人才需求进行全方位的摸底排查,了解现状和人才缺口,以此为基础,以自治区、设区市、特色县和"创域县"为核心,制定"由上至下"和"由下至上"双线供需结合的旅游战略人才、旅游创新人才、旅游经营管理人才、旅游服务人才"四才合一"的广西旅游人才顶层培训战略,并制定切实可行的具体实施方案,如加强导游人员的培训,提高导游人员服务水平和服务意识;定期开设导游培训班,聘请各方面的专家讲授世界政治、经济、历史、地理、语言、文学艺术、救护等知识,导游必须通过考试后,才可继续工作;制定严格的培训规则和方案,以培养出具有国际水准的导游人员。提高导游的服务意识,只有具备良好的服务意识才会有良好的服务态度。导游人员的熟练服务技能,只有在良好的服务意识支配下才更有意义,才能充分发挥其作用。

6. 旅游标准化服务与个性化服务相结合

全面组织实施涵盖"吃、住、行、游、购、娱、商、养、学、闲、情、奇"等要素的旅游服务标准体系及城市服务功能的地方标准和服务规范。在推行标准化服务的同时，也要重视个性化服务，因为服务有两种因素：一种是"避免不满意"因素，称为服务的必要因素；另一种是"赢得满意"因素，称为服务的魅力因素。规范化、标准化的服务就是必要因素，这种服务使游客有"一视同仁、公正平等"的感觉，然而有针对性、个性化的服务会使游客产生"被优待、被重视"的良好感觉，从而感到满意。

9.4　营造良好的旅游氛围

营造良好的旅游氛围对提升游客满意度具有重要意义。旅游的愉悦是游客在游览的过程中，能够进入规划者所设定的或营造的一种休闲和惬意的氛围中，而浑然不觉、乐在其中的心理感受。当代人的生活、当代人所面临的社会和环境挑战、当代人的价值观，需要我们对旅游以及旅游体验有新的规划和设计的表达，这种表达既不是完全遵循传统的，也不是模仿西方时尚潮流，而是基于当代人的心理诉求的一种创新性的表达。

广西旅游可以从人的"五觉"方面为游客提供多样化的旅游体验，营造让游客惬意的良好旅游氛围，从而显著提升游客满意度。

9.4.1　从视觉方面营造良好旅游氛围

视觉是观光旅游的基础，也是游客对一个旅游地最直接的体验要素。广西各旅游地应为游客提供目之所及的良好视觉体验。

1. 设计精美的标识系统

以各地的特色文化为主题，统一设计具有地方个性的旅游标识系统，并加强在机场、高铁站、火车站、汽车站、特色街、对外公路、景区入口等营造浓烈的文化旅游氛围。

2. 创意植物景观

花、叶、果都是季相景观的欣赏主体。植物的季相变化成为自然界中最令人兴奋的景色，其强烈的色彩与叶形、花形结合，给人们强烈的视觉刺激。广西各旅游地应选择一些景观效果较好的树种进行绿化和美化，提高旅游地的美感和观光价值。

3. 传承和创新建筑景观及文化

统一旅游地各种建筑的格调、色调和控制高度，美化环境。加强铺地设计和景观雕塑的设计。从地砖颜色搭配、图案组合,雕塑的造型含义、材料选择上营造文化旅游氛围,给游客良好的视觉、心理感受。

4. 丰富园林小品

在凳、桌、亭子、雕塑等园林小品的设计上,更追求就地取材和生态环保,并融入地方特色文化元素,增加小品的品位,营造浓烈的文化旅游氛围。

5. 美化地方特色菜肴

中国的烹饪,不仅技术精湛,而且有讲究菜肴美感的传统,注意食物的色、香、味、形、器的协调一致。因此,广西各旅游地要注重对菜肴美感的表现,雕出各种造型,命名富有情趣的名称,努力做到独树一帜,给人以精神和物质高度统一的特殊享受。

6. 点亮城市夜景

城市亮化又叫城市光彩工程,其可以极大地提高城市的整体形象,夜晚城市照亮了,很多人可以出来玩耍、购物、休闲,也会拉动整个城市的经济发展。城市亮化不仅要让城市亮起来、让城市美起来,还要多出夜景照明精品工程,逐步实现由照明向塑造夜间形象和照明的艺术化方向过渡,吸引游客,提升游客满意度。

7. 打造人工智能型视觉

在博物馆、展览馆、体验馆、文化馆、文物馆等景点,广泛应用人工智能新技术,创新视觉新概念,带给游客视觉新体验。

9.4.2 从听觉方面营造良好旅游氛围

听觉是游客体验旅游刺激的重要感官,游客对旅游地许多重要体验是通过听觉感受到的。声音的良好节奏、音调、旋律能给游客带来舒适和愉悦的感受,通过声音表达的信息(如听他人亲口所说的内容)能给游客以可亲、可信的印象。

1. 丰富景点的背景音乐

旅游景区入口区是一个人流相对集中且流量比较大的区域,这个区域的户外空间重点突出"热闹"的氛围,但要注意,热闹绝非吵闹,它所代表的是一种人气旺盛的氛围,可设置具有当地特色的喜庆节目,可以隐约播放一些高雅时尚的音乐，在乡间行走的交通道路上可以播放一些乡村音乐，营造轻松优雅的文化旅游氛围。

2. 设计服务型、交流型的主题音乐

游客对服务型声音的要求是：能听到导游令人满意的讲解；就餐、住宿、交通、购物、娱乐时，能听到相关工作人员和服务人员悦耳周到的服务话语；遇到问题和困难时，能听到旅游工作人员和当地居民诚恳友善的话语；闲来无事时，能听到其他游客或当地居民交流的话语；处处可能发出的独特的声响汇在一起，使游客有亲切、古朴、自然、丰富的听觉体验。因此，服务人员说话语调要柔和，接待服务对象或游客时，要使用"您好""请稍候""对不起""别客气""谢谢""再见"等文明用语，不讲粗语、蛮话、狠话；面对服务对象或游客的咨询、意见和批评时，要耐心倾听，认真解释，有则改之，无则加勉，不得与服务对象或游客发生任何争执。

9.4.3　从嗅觉方面营造良好旅游氛围

游客感知旅游目的新环境时，嗅觉是最敏感的感官，好的气味能使游客产生振奋、愉悦、幸福、舒适、轻松、自信、安全和受欢迎的感觉。根据旅游体验规律，游客离开旅游目的地后，与其他感官信息相比，最难忘的是对该地的嗅觉体验。游客对嗅觉体验的总体要求是：无难闻气味，有好的气味，并且具有当地特色；气味富于变化，在不同空间获得不同的嗅觉体验；既有水汽的清新湿润的气息、绿色植物的自然清香和花香、泥土的清香芬芳，又有各种餐饮的香味、特产等旅游商品的良性气味、娱乐场所设置的良好气味；交通干道上，很少闻到汽车尾气的气味；旅游服务区中，没有下水道的不良气味；公厕中通风良好，气味清新等。

9.4.4　从触觉方面营造良好旅游氛围

实地旅游与通过电视、影碟机、网络等媒体对景区的间接感受最大的区别就在于实地旅游能够给游客带来肌肤感觉上的真实体验，随着科技手段和市场流通的发展，视觉、听觉，乃至嗅觉、味觉的信息都可以通过媒体或市场传递到万里之外，但若需要用手、脚和身体的肌肤去体验真实的触感、温度和刺激，只能采用旅游的方式。触觉体验见表 9-1。触觉能使游客产生"真实而非虚幻"的体验，并诱发游客触及深层的心理感受。

表 9-1 触觉体验表

体验物或体验项目	肌肤触觉体验	促成体验的措施
木屐	清凉舒适	丰富品种，保证数量
旅游服装	舒适的全身肌肤触觉体验	旅游服装选用质地好、舒适的面料
石凳	暑热时有清凉的体验补偿	设置足够数量
木凳	古朴自然	设置足够数量
足疗按摩	足部穴位反射区痛感享受	开办一些足疗店
传统中医经络按摩	全身经络穴位痛感享受	开办一些健康按摩店
水疗	全身舒适	提供水疗服务

9.4.5 从味觉方面营造良好旅游氛围

古人云："民以食为天"，健康可口的美食对留住游客具有重要作用。因此，广西各地在打造旅游目的地的过程中要高度重视饮食文化，给游客良好的味觉体验，具体营造方法如下：

1. 保持特色鲜明

要充分利用当地的土特产、有机蔬菜、野菜等绿色资源，挖掘传统饮食文化，推出系列地方招牌菜、特色小吃和绿色健康饮料，大力发展地方特色餐饮。

2. 注重风味多样

由于我国幅员辽阔、地大物博，各地气候、物产、风俗习惯都存在着差异，长期以来，在饮食上形成了许多风味。因此，广西各旅游地要打开全省、全国大众旅游市场，甚至国际旅游市场，就应努力提供各种风味的餐饮服务，满足不同口味游客的需求。

3. 开发四季系列

中国自古强调进食与宇宙节律协调同步，春夏秋冬、朝夕晦明要吃不同性质的食物。因此，广西各旅游地要按季节变化来调味、配菜，让游客四季都有不同的味觉体验。

4. 开展医养结合

我国的烹饪技术与医疗保健有密切的联系，在几千年前有"医食同源"和"药膳同功"的说法，利用食物原料的药用价值，做成各种美味佳肴，达到对某些疾病防治的目的。因此，广西各旅游地应开发多种药膳、保健食品与饮品等。